jung
lexicon
융 심리학
개념어 사전

C. G. Jung Lexicon: A Primer of Terms and Concepts

Copyright © 2025 Daryl Sharp

Korean Translation Copyright © by CRETA

Korean edition is published by arrangement with Inner City Books through Duran Kim Agency.

이 책의 한국어판 저작권은 듀란킴 에이전시를 통한 Inner City Books와의 독점계약으로 크레타에 있습니다.

저작권법에 의하여 한국 내에서 보호를 받는 저작물이므로 무단전재와 무단복제를 금합니다.

융 심리학
개념어 사전

대릴 샤프 지음　　**고혜경** 옮김

CRETA

작업은 세 부분으로 구성된다. 통찰, 끈기, 행위다.
심리학은 첫 부분에만 필요하지만 둘째, 셋째 부분에서
도덕적 강점이 지배적인 역할을 한다.

— 융, 〈서신〉 중에서

이 아트와 비밀의 지혜로 입문한 자들은 오만이라는 나쁜 버릇을
버려야 하고, 헌신해야 하고, 정직해야 하고, 깊은 지혜가 있어야 하고,
동료에게 인간적이어야 하고, 마음에서 우러나 지지해야 하고, 행복해야
하고, 동시에 존경할 만해야 한다. 마찬가지로
자신에게 드러나 보인 영원한 비밀의 관찰자여야 한다.

— 융, 〈Psychology of the Transference(전이의 심리학)〉,
Ars Chemica(1566) 중에서

일러두기

1 이 책은 국립국어원의 한글 맞춤법과 외래어 표기법을 따랐습니다. 그러나 심리학에 쓰이는 일부 용어에는 예외를 두었습니다.

2 표제어 항목의 간단한 설명이 끝난 뒤 굵은 글씨로 표기된 용어(◊기호 부분)를 통해 독자들이 다른 항목들로 이동할 수 있도록 안내했습니다. 이 색인을 통해 여기에 제시하는 융의 용어와 개념을 사용한 다양한 맥락들로 나아갈 수 있습니다.

3 본문 및 인용문에 굵은 글씨 및 원어의 이탤릭체는 원문에서 강조한 부분입니다.

4 [ ], … 표시는 원문에 있는 그대로의 표기입니다.

5 원문의 주는 모두 각주였으나 가독성을 위해 미주로 변경했습니다.

6 주에 있는 《전집》은 프린스턴대학교 출판부에서 펴낸 볼링겐 시리즈의 융 전집 20권을 가리킵니다. 독자들의 편의를 위해 전집에서 발췌된 글 제목을 모두 번역했습니다.

7 주에서 《전집》이 끝난 뒤 나오는 숫자 옆에 '~항'이라고 적힌 부분은 원문에서 'par.(paragraph)'이라고 표기된 부분입니다.

8 출처의 제일 앞에는 저자의 이름이 나오는 것이 표기의 원칙이지만, 대부분 융 전집이 출처이기에 앞에 'Jung'을 생략했음을 알립니다. 그 외의 저서에는 저자명을 표기했습니다.

9 《전집》 20권 중 9권은 i, ii권으로 발행되었으나 주에서는 편의상 '상, 하'로 표기했음을 알립니다.

75세의 융

머리말

카를 구스타프 융은 생을 마감할 때까지 자신의 심리학에 대한 체계적인 요약은 제시하지 못했다. 지난 30여 년간 융의 아이디어를 수천의 사람들이 설명하고, 탐색하고, 확충해서 다양한 결실을 보았다.

《융 심리학 개념사전》은 독자들에게 원출처가 어디인지 찾을 수 있도록 도와준다. 이 책은 융이 사용했던 관련 용어들과 그 개념들을 이해하려는 사람들을 위해서 쓰였다. 융의 《전집》에서 엄선해서 발췌했으며, 다른 저자들에 대한 참고문헌은 없다.

《융 심리학 개념사전》은 융의 견해를 비판하거나 방어하기 위한 책이 아니라, 풍요로운 융의 사고에 대한 지침이자 융의 관심사들의 광범위한 범위와 상호 관련성에 대한 해설서다.

융의 주요 저작들을 면밀히 읽은 결과, 《융 심리학 개념사전》은 융 심리학의 기본 원칙에 대한 포괄적 개요가 담겨 있다. 융의 아이디어가 주는 시사점이나 실제 적용은 이 시리즈의(원 출판사의) 다른 책들에서 다루고 있다.

역자 서문 《융 심리학 개념어 사전》을 번역하며

진정한 영웅이란 아무도 탐색하지 않은 세상을 먼저 탐험하고 그 세계를 탐색하려는 사람들을 위해 지도를 그려준 사람이라 정의한다. 이 표현에 가장 부합하는 심리학자이자 사상가가 카를 융이 아닐까 한다.

카를 융의 일생은 '무의식 탐색에 대한 헌신'이라 집약할 수 있을 것이다. 이는 대단한 용기가 필요한 힘겨운 작업이자 희생이었다. 본인 스스로 "댐이 무너지고 카오스와 대면한 원시적 경험"이라 표현하는데, 1차 세계대전 전후로 융은 자신을 상대로 준엄한 심리학 실험을 했다. 소위 '《레드북》 시기'라 부르는데, 특히 1913년부터 1917년은 '집중적인 자발적 은둔' 시기였다. 이 고립되고 고독한 실험이 16년간 이어진다. 이 실험의 직접적 계기는 중년의 위기였다. 나이 마흔에 한 인간이 상상할 수 있는 모든 것을 성취한 융이었다. 프로이트와의 결별이 위기의 기폭제였고, 세계대전 직전의 전 지구적 대혼란도 영향을 미쳤을 것이다. 이 위기의 순간, 융의 선택은 내면으로 눈을 돌리는 것이었다. "무의식으로 향하는 문을 활짝 열어젖힌다"라고 자서전에 표현하는데, 무의식으로의 하강이라는 'Nekyia(네키아)'를 자발적으로 감행한다.

융의 지난하고 고독한 실험으로, 무의식은 어둡고 텅 빈 세계가 아니라, 이미지의 향연이 펼쳐지는 세계임을 드러내 보여주었다. 융은 무의식의 산물인 비전, 꿈, 상상력이라는 '이미지'에 천착하였다. 해석이나 분석을 한 게 아니라 마치 극을 하듯 이미지에 참여했다. 겸허한 자세로 이미지들이 이끄는 대로 따르고 그 가르침을 수용하면서, 이후 무의식과 대화하는 방식을 '적극적 명상'이라는 기법으로 발전시킨다.

융은 인간의 심층은 개인적인 것에 멈추는 것이 아니라 조상과 역사의 무게라는 것을 인식한다. 아울러 아니마, 아니무스, 자기, 집단 무의식, 원형, 개성화 이론이 이렇게 탐색하던 중에 잉태되었다. 이후 융의 삶은 이 시기에 경험한 내용을 정교하게 이론화하고 체계화시키는 것으로 채워졌다.

앞서, 진정한 영웅이란 먼저 탐색한 세계의 지도를 그려주는 선구자라 했는데, 융은 현대인을 위해 '영혼의 지도'를 선사했다. 융은 현대인이 각종 신경증과 정신병으로 시달리는 이유를 한마디로 무의식과의 단절 때문이라 진단한다. 무의식에 접근하여 탐색하고 통합하는 과업이 개인의 건강뿐 아니라 시대적인 미션으로 대두된 이 시점에서, 융의 삶은 현대인에게 모델이 되어 줄 것이다.

융은 정신 탐색을 위해 이바지한 자신의 삶을 사랑했고 버거워했다. 그렇지만 '가장 위대한 부 greatest wealth'라 했다. 삶을 충만하게 살 수 있는 유일한 길을 따랐는데, 역설적으로 깊은 내면 탐색은 세상이 요구하는 소명에 대한 구체적 언약으로 이어진다는 점도 보여주었다.

이 책은 눈을 안으로 돌려, 자기탐색의 영역을 확장하여 이미지와 은유로 표현하는 무의식 세계로 들어가 삶의 심오한 의미를 찾으려는 사람들에게 유용한 길라잡이가 될 것이다. 아울러 융을 공부하는 연구자들이 볼링겐에서 출간된 《융 전집》의 원전을 찾는 데도 유용할 것이다.

여러 손길이 보태져 번역을 마무리할 수 있었다. 기존 융 번역서들을 참조하여 용어를 정리했고, 융 연구자 송일수 선생님의 꼼꼼한 점검을 받았다. 수많은 용어와 쉽지 않은 의미들을 깔끔하게 편집한 도서출판 크레타의 노고와 애정에도 감사드린다.

치유상담대학원대학교 교수 고혜경

차례

머리말 8
역자 서문 9

A

Abaissement du niveau mental
정신수준의 저하 17

Abreaction
소산작용 17

Abstraction
추상화 18

Active Imagination
적극적 명상 19

Adaption
적응 22

Affect
정동 24

Ambivalence
애매함, 모호성 24

Amplification
확충 24

Analysis, Jungian
분석, 융학파 25

Anima
아니마 28

Animus
아니무스 37

Anthropos
안트로포스 41

Apotropaic
아포트로픽 41

Apperception
통각 42

Archaic
고태적 43

Archetype
원형 44

Archetypal Image
원형 이미지 46

Assimilation
동화 48

Association
연상 48

Attitude
태도 49

Autonomous
자율적 50

Auxiliary Function
보조기능 50

Axiom of Maria
마리아의 공리 52

C

Cathartic Method
카타르시스 방법 55

Causal
인과관계의 55

Child
어린이 56

Circumambulation
순행, 원점회귀 순행 57

Collective
집단적 57

Collective Unconscious
집단 무의식 58

Compensation
보상 60

Complex
콤플렉스 61

Concretism
구체주의 64

Conflict
갈등 65

Conjunctio
결합 68

Consciousness
의식 69
Constellate
배열 70
Constructive
건설적인 70
Countertransference
역전이 71
Crucifixtion
십자가 처형 72

D ──────────
Depotentiate
힘을 약화시키다 75
Depression
우울 75
Differentiation
분화 76
Dissociation
해리 77
Dreams
꿈 78

E ──────────
Ego
자아 83
Emotion
정서 85
Empathy
감정이입, 공감 85
Enantiodromia
전향 86
Energic
역동적인 86
Eros
에로스 86
Extraversion
외향성 87

F ──────────
Fantasy
판타지 95
Father Complex
부성 콤플렉스, 아버지 콤플렉스
96
Feeling
감정 98
Feminine
여성성 98
Final
궁극성 99
Fourth Function
네 번째 기능 101
Function
기능 101

H ──────────
Hero
영웅 105
Homosexuality
동성애 108
Hostile Brothers
적대적인 형제들 108
Hysteria
히스테리아 109

I ──────────
Identification
동일시 111
Image, primodial
이미지, 원시적인 113
Imago
이마고 113
Incest
근친상간 114
Individual
개인, 개인의 115

Individualism
개인주의 117
Individuality
개성 117
Individuation
개성화 118
Inferior Function
열등기능 122
Inflation
팽창 126
Instinct
본능 127
Introjection
내사 131
Introspection
성찰 131
Introversion
내향화 132
Intuition
직관 135
Irrational
비합리적인 136

K ──────────
Kore
코레 139

L ──────────
Libido
리비도 143
Logos
로고스 145
Loss of Soul
영혼의 상실 147

M ──────────
Mana-personality
마나 인격 149

Mandala
만다라 150

Masculine
남성성 150

Meditation
명상 150

Mother Complex
모성 콤플렉스 151

Motif
모티프 156

Myth
신화 156

N ———————————

Negative Inflation
부정적 팽창 159

Neurosis
신경증 159

Night Sea Journey
밤바다 여정 164

Nigredo
니그레도 166

Numinous
누미노제 166

O ———————————

Objectification
객관화 169

Objective Level
객관 단계 170

Objective Psyche
주관적 정신 170

Opposites
대극 171

Orientation
방향잡기, 지향 173

P ———————————

Parental Complex
부모 콤플렉스 177

Participation Mystique
신비적 참여, 신비한 관계 178

Persona
페르소나 179

Personal Unconscious
개인 무의식 183

Personality
인격 183

Personification
의인화 184

Philosophers' Stone
현자의 돌, 철학자의 돌 185

Posession
포제션, 빙의 185

Power Complex
권력 콤플렉스 186

Prima Materia
원질료 186

Primary Function
주기능 187

Primitive
원시적인 188

Primordial Image
태고적 이미지 188

Progression
진전 188

Projection
투사 190

Provisional Life
잠정적인 삶 194

Psyche
정신 195

Psychic Energy
정신 에너지 196

Psychization
정신화 196

Psychogenic
심인성 196

Psychoid
사이코이드 197

Psychological Types
심리적 유형들 197

Psychopomp
영매 197

Psychosis
정신병 198

Puer Aeternus
푸에르 에테르누스, 영원한 소년 199

Q ———————————

Quaternity
사위일체, 사위체 203

R ———————————

Rapport
라포 207

Rational
합리적 207

Rebirth
재탄생 208

Reductive
환원적인 209

Reflection
성찰 211

Regression
퇴행 211

Regressive Restoration of the Persona
페르소나의 퇴행적 복원 214

Religious Attitude
종교적 태도 215

Repression
억압 216

S

Sacred Marriage
신성혼   221

Sacrifice
희생   221

Schizophrenia
정신분열증, 조현병   221

Self
자기   221

Self-Regulation of the Psyche
정신의 자기조절   224

Sensation
감각   226

Shadow
그림자   227

Soul
영혼   232

Soul-Image
영혼 이미지   233

Spirit
영   234

Splitting
분열, 쪼개짐   235

Subjective Level
주관 단계   236

Subjective Psyche
주관적인 정신   237

Subtle Body
미묘체   237

Superior Function
우월기능   237

Supraordinate Personality
상위 인격, 초월적 인격   237

Symbiosis
공생   238

Symbol
상징   239

Synchronicity
동시성, 공시성   242

Synthetic
종합적인   243

T

Temenos
테메노스, 성역   245

Tertium non Datur
제3의 선택, 제3의 명제   245

Thinking
사고   246

Transcendent Function
초월적 기능   247

Transference
전이   250

Transformation
변형   254

Trauma
트라우마   254

Treasure Hard to Attain
얻기 어려운 보배   254

Trickster
트릭스터   255

Type
유형   255

Typology
유형학   256

U

Unconscious
무의식   265

Unconsciousness
의식불명   268

Union of Opposites
대극의 합일   269

Unus Mundus
하나의 세계   269

W

Wholeness
완전성, 온전성   271

Will
의지   272

Wise Old Man
노현자   272

Word Association Experiment
단어연상실험   272

Wounded Healer
상처 입은 치유자   274

미주   278
참고문헌   302

Abaissement du niveau mental
정신수준의 저하

의식 강도의 감소로, 영혼의 상실로 경험되는 정신적, 정서적 상태의 저하.

◊ **depression**(우울) 참조.

의식의 강도가 저하되는 현상인데 이는 낮은 기압 수치로 인한 악천후 예고에 비유할 수 있다. 긴장이 사라지고, 주관적으로 이 상태는 무관심, 무감각, 우울증으로 느껴진다. 당사자는 더 이상 일상에서 주어진 일들을 마주할 용기나 바람조차 없다. 몸의 어느 곳도 움직이려 하지 않아서 납처럼 느껴지는데, 이는 사용할 에너지가 하나도 없는 것처럼 느껴지기 때문이다. 전 인격이 허물어져, … 의지의 마비와 무관심은 소위 말하는 의식의 통합성을 상실하는 데에까지 진행될 수 있다….

정신수준의 저하_abaissement du niveau mental_는 육체적·정신적 피로, 몸의 질병, 폭력적인 정서와 충격 때문에 생길 수 있는데, 이 중 특히 충격은 당사자의 자기 확신을 억제하는 효과가 있다. 정신수준의 저하는 언제나 온전한 인격에 특정한 영향을 미친다. 이 상태는 자기 확신과 진취적 기상을 떨어뜨리고 결과적으로 자기중심성을 늘려 정신적인 지평을 좁힌다.[1]

Abreaction
소산작용

트라우마 경험을 다시 진술하고 다시 경험함으로 억압된 정서적 반응을 의식화하는 방식.

◊ **cathartic method**
 (카타르시스적 방법)를 참조.

'트라우마 이론'에 대한 초기 관심 이후 융은 신경증 테라피의 효과적 도구로서의 소산작용은 포기했다.

트라우마는 경우에 따라 병인학적으로 중요할 때

도 있지만, 나는 곧 대부분의 트라우마는 개연성이 매우 낮다는 것을 발견했다. 여러 트라우마가 그다지 중요하지 않고 심지어 아주 정상적이어서, 기껏해야 신경증의 빌미로 간주할 수는 있었다. 그러나 특히 내가 비판적으로 보는 것은 환상fantasy이 트라우마를 만들어 낸 것이며, 실제로는 일어나지 않았다는 사실이다…. 암시 시술suggestion procedure과 비교했을 때, 환상적으로 과장되거나 완전히 허구적인 트라우마를 반복적으로 경험하는 것은 더 이상 치료적 가치가 없다고 생각하게 되었다.[2]

환자에게는 오래된 트라우마를 다시 진술하는 것보다 믿음, 자신감, 그리고 일에 대한 분석가의 헌신이 훨씬 더 중요할 것이다.[3]

Abstraction
추상화

일종의 정신적 활동으로, 의식적 내용이 추상화를 통해서 관련 없는 요소들과의 연상에서 벗어남. 이는 분화의 과정과 유사함.
♦ **empathy**(감정이입, 공감)와 비교.

추상화는 심리적 기능에 일반적으로 존재하는 행위다. 추상적 사고가 있듯이 추상적 감정, 감각, 직관도 존재한다. 추상적 사고는 지적으로 관련성이 없는 요소들에서 주어진 내용의 합리적이고 논리적인 특질을 뽑아낸다. 추상적 감정은 감정-기능으로 특징지어진 내용에서 같은 기능을 한다…. 추상적 감각은 오감을 만족시키는 감각에 반하는 심미적 감각이고, 추상적 직관은 환상적 직관에

반하는 상징적 직관이다.⁴

융은 내향화introversion와 추상화를 연관 짓는다 (감정이입과 외향화를 연결짓는 것과 유사).

> 나는 추상화하는 과정을 대상에서 리비도가 물러나는 것, 대상에서 주관적이고 추상적인 내용으로 가치를 거꾸로 흐르게 하는 것이라 상상한다. 그러므로 나에게 추상화란 **대상 에너지의 평가절하**devaluation of the object에 해당한다. 다르게 말하면, 추상화는 리비도의 내향화 움직임이다.⁵

추상화의 목적은 주체가 대상을 움켜잡으려는 것을 깨뜨리는 것이다. 그러므로 추상화는 원시 상태의 **신비한 참여**particiation mstique를 극복하려는 시도다.

Active Imagination
적극적 명상

특정한 자기표현self-expression을 통해 무의식의 내용, 즉 꿈이나 판타지 등을 동화하는 방법.

◆ **transcendent function**(초월적 기능)을 참조.

적극적 명상의 목표는 정상적으로는 들리지 않는 성격들(특히 아니마/아니무스나 그림자)의 면면에 목소리를 부여해 의식과 무의식 사이의 대화 통로를 확보하는 것이다. 심지어 최종 산물인 글쓰기, 그림, 조각, 무용, 음악 등이 해석되지 않더라도, 예술가와 작품 사이에서 의식의 변화에 기여하는 무언가는 반드시 일어난다.

Active Imagination
적극적 명상

적극적 명상의 첫 단계는 눈을 뜨고 꿈꾸는 것과 비슷하다. 저절로 일어날 수도, 의도적으로 유도될 수도 있다.

후자의 경우 여러분은 꿈이나 다른 판타지 이미지를 택하여, 단순히 그 이미지를 바라만 보면서 집중한다. 또 나쁜 기분을 출발점 삼아, 이 기분이 어떤 판타지 이미지를 만들어 내는지, 지금의 기분을 표현하는 이미지가 무엇인지 찾으려 할 수 있다. 그 후 주의를 집중해서 이 이미지를 마음에 고정한다. 대체로 이미지는 변하는데, 심사숙고한다contemplate는 사실만으로도 이미지가 활성화되기 때문이다. 변화는 언제나 주의 깊게 기록해야 하는데, 이는 무의식의 배경에서 진행되는 심혼적 과정psychic processes을 반영하기 때문이다. 이 과정은 의식적 기억의 재료를 구성하는 이미지 형태로 나타난다. 위아래를 연결하는 폭포수처럼, 이렇게 의식과 무의식의 통합이 이루어진다.[6]

두 번째 단계는 단순히 이미지를 관찰하는 차원을 넘어서, 이미지에 의식적으로 참여하고, 이 이미지가 자신에 대해 의미하는 바가 무엇인지 정직하게 평가하고, 도덕적·지성적인 통찰 행위로 옮겨가는 데 전념한다. 이는 단순히 지각하거나 심미적인 태도에서 판단하는 태도로 전환

transition한다.

비록 어느 정도는 바깥에서 엄정하게 지켜보지만 그는 또한 심리극에서 자신이 연기하고 고통을 겪는 인물이다. 이 인식은 절대적으로 필요하고 중요한 진전을 나타낸다. 그림을 단순히 쳐다보고만 있다면, 이 사람은 어리석은 파르지팔Parsifal과 같다. 파르지팔은 행위에 자신이 참여한다는 사실을 자각하지 못해서 중요한 질문을 하는 것을 잊어버린다.[7] …그러나 만일 자신이 행위에 참여한다는 것을 알아차린다면, 마치 자신이 판타지 인물 중 한 명인 듯, 또는 눈 앞에 펼쳐지는 드라마가 실체인 듯, 개인적으로 반응하여 이 과정으로 들어가야 한다.[8]

판단하는 태도는 개인적·집단적인 의식 상황을 보상하는 판타지 과정에 자발적으로 참여한다는 의미다. 이 참여가 공언한 목표는 무의식의 진술을 통합하고, 무의식의 보상적 내용을 동화하고, 이를 통해 삶의 가치를 높이며, 그 결과 일부 몇 사람이라도 인생을 살아내는 온전한 의미를 만들어 내는 것이다.[9]

Adaption
적응

한편으로는 외부세계, 다른 한편으로는 자신의 고유한 심리적 특질을 받아들이는 법을 배우는 과정.

♦ neurosis(신경증)도 참조.

[개성화를] 목적으로 삼기 전에 최소로 필요한 집단 규범에 적응하는 교육적 목표가 먼저 성취되어야 한다. 식물이 고유한 본성을 만개하려면, 먼저 씨앗이 파종된 토양에서 자랄 수 있어야 한다.**10**

생명의 영속적 흐름은 거듭 새로운 적응이 필요하다. 적응은 결코 한 번에, 그리고 전부 달성되지는 않는다.**11**

사람은 동일한 작업 생산량을 일정하게 유지할 수 있는 기계가 아니다. 사람은 자신의 내면세계, 즉 자신의 내면과 조화를 잘 이룬다면, 외부세계의 요구를 이상적인 방식으로 만날 수 있다. 반대로 자신이 환경 조건에 적응해야만 자신의 내면세계에 적응해 자기 자신과 조화를 이룰 수 있다.**12**

아동에서 성인으로의 전환은 처음에 외부세계에 적응할 것들이 늘어나는 것을 뜻한다. 리비도가 진전progression의 장애물을 만날 때, 일반적으로는 에너지가 축적되어 장애를 극복하기 위해 더 많이 노력한다. 그러나 만일 장애를 대처할 수 없다는 게 입증되면, 축적된 에너지는 이전의 적응 모드로 퇴행regress한다. 결국 유아기 판타지와 소망을 활성화해, 내면세계에 다시 적응해야 한다.

이러한 퇴행의 가장 좋은 예는 사랑이나 결혼에 실망하면 신경증을 유발하는 히스테리 증상에서 찾을 수 있다. 여기서 우리는 온갖 종류의 소화기 증상들을 관찰하는데, 알려진 대로 소화 불량, 식욕 부진 등이다. …[전형적으로] 과거 기억이 퇴행적으로 재현되면서 이러한 증상이 나타난다. 그 후 오이디푸스 콤플렉스의 부모 이마고 parental imagos가 재활성화한다. 그러면서 이전에는 대수롭지 않았던 초기 유아기 사건들이 갑자기 중요해지는데, 이 사건들이 퇴행적으로 재활성화한 것이다. 삶의 여정에서 장애물을 제거하면 이 유아기 판타지의 전 시스템이 지체없이 와해되고 breakdown, 이전처럼 효과도 나타나지 않는다.[13]

심리적 유형 모델에서 융은 상당히 다른 두 적응 모드, 즉 외향과 내향을 말한다. 융은 또 신경증의 발현을 적응의 실패와 연관 짓는다.

신경증에서 심리적 문제와 신경증 자체는, **실패한 적응 행위**로 표현할 수 있다.[14]

Affect
정동

생각의 혼란과 육체적 증상으로 표현되는 정서적 반응.
♦ **complex**(콤플렉스)와 **feeling**(감정)을 참조.

정동은 언제나 콤플렉스가 활성화되었다는 신호다.

> 정동은 적응이 가장 어려운 곳에서 나타나며, 어느 정도 열등감이 있고 인격이 미성숙한 단계임이 드러나는 데서 그 원인을 찾을 수 있다. 통제가 거의 불가능한 정서를 지닌 이렇게 낮은 단계에서 사람은… 한 치의 도덕적 판단도 할 수 없다.[15]

Ambivalence
애매함, 모호성

모든 태도나 예측되는 행위의 과정이 그 반대의 태도나 행위에 의해 균형을 이루는 마음 상태.
♦ **conflict**(갈등)과 **opposites**(대극)도 참조.

애매함은 일반적으로 무의식적 콤플렉스의 영향과 관련된다. 특히 미분화된 심리적 기능과 관련이 있다.

Amplification
확충

비교 신화학, 종교, 민담에 기반한 연상 방법으로 꿈과 그림에서 이미지 해석에 적용됨.

Analysis, Jungian
분석, 융학파

신경증을 전문으로 하는 테라피의 한 형태로, 무의식의 내용을 의식으로 가져오는 데 목표를 둔다. 분석적 테라피라고도 한다. 분석심리학이나 콤플렉스 심리학이라고 부르며 카를 융이 발전시킨 아이디어를 중심으로 하는 학파를 기반으로 함.

[분석]은 발달의 여정에 놓여 있는 돌을 제거하기 위한 수단일 뿐, …이전에 환자에게 없던 것을 주는 방법은 아니다. 방향을 제시하려는 어떤 시도도 포기하는 것이 훨씬 낫다. 분석은 단지 의식의 빛을 비추는 모든 내용에 안도감을 불어넣어, 환자가 훨씬 명료하게 보고 적절한 결론에 도달하도록 한다. 장기적으로는 환자 자신이 스스로 얻지 못한 것은 믿지 않아서, 권위자로부터 받은 것들은 환자를 유아기적 상태에 머물게 한다. 환자는 오히려 스스로 삶을 다룰 수 있는 위치에 있어야 한다. 분석이라는 기법은 환자가 실수를 범하는 모든 길을 따르는 데 있으며 그 과정에서 환자의 길 잃은 양들을 함께 모으는 것이다.[16]

분석은 "치료 cure" 같은 것이라는 편견이 널리 퍼져 있는데, 누군가 잠시 치료하기로 했다가 그 상황을 벗어나 치유된다는 관점이다. 이것이 초기 정신분석이 일반인에게 남긴 오류다. 분석적 처치란 의사의 도움으로 심리적 태도를 재적응하는 과정이라 말할 수 있다… [그렇지만] 오랫동안 무조건 유용한 변화는 없다.[17]

융은 초기에 **무의식의 분석과 기억촉진 분석** *anamnestic analysis*을 구분했다.[18] 기억촉진 분석은 이미 의식에서 이용하거나 쉽게 떠올리는 내용에

Analysis, Jungian
분석, 융학파

초점을 두고, 자아를 지지하고 강화하는 데 집중한다. 무의식은 단지 간접적인 요소일 뿐이다.

이는 주도면밀한 기억상실이나 신경증의 역사적 발달을 재구성하는 데 있다. 이 방식으로 유도된 내용들은 환자가 기억할 수 있는 한, 의사에게 진술한 다소 일관성 있는 사실이다. 자연히 환자는 여러 세부사항을 빼먹는데, 이는 자신에게 중요하지 않게 여겨지거나 망각한 내용들이다. 신경증 발달의 일반적 과정을 이해하는 노련한 분석가라면 질문을 통해 환자에게서 연속성이 끊어진 간극을 일부 채워 넣을 것이다. 이 과정만으로도 치료적인 가치가 뛰어나다. 환자가 자신의 신경증의 주요 요인들을 이해하고 궁극적으로는 결정적인 태도 변화를 끌어낼 수 있기 때문이다.[19]

이전에 무의식에 가라앉아 있던 망각된 기억과 연관성을 알아차림으로서 긍정적인 영향을 가져올 뿐 아니라, 의사가 조언이나 격려를 하거나, 심지어 나무라는 것조차 환자에게 도움이 된다.[20]

무의식 분석은 의식에 있는 내용들이 소진되었으나 여전히 신경증에 뚜렷한 해결책이 없을 때 시작한다. 분석은 무의식의 내용, 특히 꿈을 다룰 수 있을 만큼 충분히 강한 자아가 필요하다.

융은 이런 의미에서 분석은 특히 인생의 후반부에 나타나는 심리적 문제들에 적합하다고 생각했지만, 이 경우도 주의를 당부했다.

> 의식적인 태도를 일관성 있게 지지하는 것은 그 자체로 치료적 가치가 높으며, 종종 만족스러운 결과를 가져오기도 한다. 무의식 분석이 모든 경우에 적용해야 할 유일한 만병 통치약이라고 상상하는 것은 위험하다. 오히려 외과수술 같아서, 다른 방법들이 실패했을 때만 칼을 대야 한다. 무의식이 침입당하지 않는 한, 가만히 두는 것이 최선이다.[21]

분석 작업에서 융은 진단도, 예단도 피했다. 융은 체계적 기법이나 방법을 적용하지 않았다. 분석가의 인격과 심리적 성향이 완전히 객관성을 확보할 수 없다는 점은 인정하면서 융은 각 사례마다 사전 가정들은 최소한으로 접근하려 했다.

> 어떤 추정assumptions도 하지 않는 것이 이상적일 것이다. 그러나 분석가가 아무리 준엄하게 자기비판을 한다고 해도 이는 불가능하다. 왜냐하면 모든 추정 중 가장 크고 심각한 결과를 초래하는 추정이 **자기 자신**이기 때문이다. 추정하지 말고, 사전에 마련된 방법을 사용하지 않을 것처럼 분석하

> 라. 그럼에도 나 자신이라는 추정이 내가 적용할 방법을 결정할 것이다. 나이기에, 그러므로 내가 계속해서 이어갈 것이다.**22**

융은 또 분석가가 되려고 수련 중인 사람들은 반드시 개인 분석을 거쳐야 한다고 주장한다.

> 우리는 의사 자신의 인격을 치료적이거나 유해한 요소로 전면에 배치하는 법을 배웠다…. 이제 필요한 것은 자신의 변화transformation, 즉 교육자의 자기 교육이다…. 의사는 더 이상 타인의 어려움을 치료하는 것으로 자신의 어려움에서 회피할 수 없다. 농양으로 고통받는 사람이 수술하기에 적합하지 않은 것과 마찬가지다.**23**

Anima 아니마

남성 내면의 여성적인 측면.

◆ **animus**(아니무스), **eros**(에로스), **logos**(로고스)와 **soul-image**(영혼 이미지)도 참조.

아니마는 남성의 정신에 있는 개인적 콤플렉스이자 여성에 관한 원형 이미지다. 모든 사내아이에게서 새롭게 구현되는 무의식의 요소이고, 투사가 일어나도록 하는 원인이다. 처음에 아니마는 자신의 어머니와 동일시되고, 이후 다른 여성들 사이에서 경험될 뿐 아니라 남성의 삶 전반에 걸쳐 영향을 미친다.

아니마는 **생명 자체의 원형**이다.**24**

[남성에게는] 어머니 이마고 imago 뿐 아니라 딸, 오누이, 연인, 천상의 여신, 지하세계의 바우보 Baubo 의 이마고도 있다. 어머니와 연인들은 모두 시공을 초월하는 아니마 이미지의 매개자이자 아니마 이미지를 체현하는 여인이 될 수밖에 없는데, 남성에게 아니마는 가장 심오한 실체와 부합한다. 이 위험한 여성 이미지인 아니마는 남성에게 속한다. 남성에게 이 여성은 때로는 삶의 이익을 위해서 포기해야 하는 충성심을 상징한다. 아니마는 결국 실망으로 끝날 모든 위험, 투쟁, 희생을 위한 보상으로 더욱 절실해진다. 그녀는 삶의 모든 씁쓸함에 대한 위안이기도 하다. 동시에 그녀는 거대한 주술자, 유혹자로 남성을 마야 Maya 의 삶으로 끌어들인다. 그것도 삶에서 합리적인 측면뿐 아니라 선과 악, 성공과 실패, 희망과 절망 같은 상호 대극이 되는 놀라운 역설이나 모호함으로 끌어들이는 것이다. 아니마는 남성에게 가장 큰 위험이기 때문에 최대치를 요구한다. 그래서 남성이 최대치의 헌신을 한다면, 아니마는 그것을 받아들일 것이다.[25]

아니마는 꿈에 의인화되어 등장한다. 아니마 여인의 이미지는 유혹자에서 영적 안내자까지 다양하다. 이 여인은 에로스, 즉 사랑의 원리와 연관되기에, 아니마 발달은 남성이 주변 여인들과

Anima
아니마

어떻게 관계 맺는지를 반영한다. 남성 내면의 아니마는 영혼으로 작용하므로 아이디어, 태도, 정서에 영향을 미친다.

> 아니마는 도그마 차원에서 영혼은 아니지만, 철학적 개념인 **아니마 라치오날리스**_{anima rationalis}(이성적인 영혼)도 아니다. 아니마는 자연적인 원형으로 무의식, 원시적 정신, 언어사, 종교사에서 나온 모든 진술을 만족스럽게 설명한다… 또 [남성의] 기분, 반응, 충동이나 정신적 삶에서 저절로 spontaneous 일어나는 모든 것에 앞서, 언제나 **선험적**_{a priori} 요소다.[26]

> 아니마는… 남성의 일은 물론 남녀를 포함한 타인들과의 모든 정서적 관계를 강화하고, 과장하며, 변조하고, 신화화한다. 그 결과 나타나는 판타지나 얽힘은 전부 아니마가 하는 행위다. 아니마가 강하게 형성constellate될 때, 남성의 성격을 누그러뜨리는 동시에 예민하고, 초조하며, 감정 기복이 심하고, 질투심이 강하며, 허영심이 많고, 적응하지 못하게 만든다.[27]

내면의 인격으로서 아니마는 페르소나와 보상 관계에 있다.

페르소나는 남성 자신의 이상적 이미지이지만, 내면에 있는 여성성의 약한 이미지를 보상하는 역할을 한다. 그래서 개인이 겉으로는 강한 남성으로 보이더라도 내적으로는 여성, 즉 아니마가 된다. 페르소나에 반응하는 것이 바로 아니마이기 때문이다. 그러나 내면세계는 보이지 않고 무의식적이며… 남성이 자신의 페르소나와 동일시하면 할수록 자신의 약함을 인식할 능력이 떨어진다. 따라서 페르소나의 상대자인 아니마는 완전히 어둠 속에 남아 있다가 곧바로 외부로 투사된다. 그래서 우리의 영웅은 결국 자기 아내의 발꿈치 뒤에 머문다.[28]

그러므로 아니마의 특성은 일반적으로 페르소나의 특성에서 추론할 수 있다. 겉으로 보이는 태도에서 결핍된 모든 특질이 내면에서 발견될 것이다.

나쁜 꿈, 우울한 예감, 내면의 두려움으로 고통받는 폭군은 전형적인 인물이다. 겉으로는 무자비하고 가혹하며 접근하기 어려운 폭군이, 내면으로는 그림자에 전부 지배당하고 있어서, 마치 남성 중에서 자신이 가장 연약하고 인상적인 사람인 것처럼 행동한다. 그러므로 이 남성의 아니마는 페르소나에 결핍된, 전부 오류일 수 있는 인간적 특

Anima
아니마

질을 내포한다. 만일 페르소나가 지적이라면, 아니마는 분명 감상적일 것이다.**29**

마찬가지로 어떤 남성이 페르소나와 동일시한다면 사실은 아니마에 사로잡혀 있는 것이고, 이 아니마에는 각종 증상이 따른다.

페르소나와 동일시하는 행위는 저절로 아니마와의 무의식적인 동일시로 이어진다. 이는 자아가 페르소나와 분화되지 않아서다. 이렇게 되면 무의식적 과정과 의식적인 관계를 맺을 수 없다. 결국 본래의 정체성에서 멀어져 무의식적 과정과 동일시되며 내적 균형을 잃는다. 겉으로 드러나는 자신의 특성이 보이는 그대로인 사람은 필연적으로 내면에서 일어나는 과정에 굴복할 것이다. 이로 인해 이 사람의 외적 역할은 내적 필연성에 의해 좌절되거나 전향enantiodromia하면서 결국 본래 역할을 잃을 것이다. 그러면 더 이상 자신의 방식을 유지할 수 없고 인생이 교착상태에 빠진다. 게다가 아니마는 필연적으로 외부의 대상에 투사되고 이 남성은 그 대상과 전적인 의존 관계를 형성하게 된다.**30**

융은 아니마를 네 가지 광범위한 단계로 구분하는데, 이는 고전시대 후기에 묘사되는 에로스 숭

배의 단계와 유사하다. 융은 아니마를 이브, 헬렌, 마리아, 소피아로 의인화했다.[31]

첫 단계인 이브에서 아니마는 개인적 어머니와 구별되지 않는다. 이런 남성은 여성과 밀접한 유대감 없이는 제대로 기능할 수 없다. 두 번째 단계에서는 트로이의 헬렌이라는 역사적 인물로 의인화하는데, 아니마는 집단적이고 이상적인 성적 이미지다 ("헬렌이 아닌 것은 엉망진창입니다." –말로. 파우스트가 헬렌을 보고 감탄하며 뱉은 말). 세 번째 단계는 마리아인데 종교적 감정으로 체화되고 지속적인 관계를 맺는 능력으로 드러난다. 네 번째 단계가 (성경에서 지혜라고 부르는) 소피아다. 소피아는 내면의 삶에 대한 안내자 역할을 하는데, 무의식의 내용을 의식으로 전달하는 역할을 한다. 소피아는 삶의 의미를 찾는 데 협조하고 예술가의 삶에서 창조적 뮤즈가 된다.

이상적으로는, 남성의 아니마는 나이가 들면서 자연스럽게 이 단계를 거쳐간다. 사실 아니마는 원형적 생명력으로서 지배적인 의식적 태도를 보상하기 위해 필요하다.

아니마가 무의식에 있는 한, 아니마가 상징하는 모든 것은 투사된다. 가장 흔히 아니마와 보호하는 어머니 이마고 사이의 긴밀한 관계로 인해 이 파트너에게 투사가 일어나고, 이는 충분히 예

Anima
아니마

측 가능한 결과를 불러온다.

> [남성의] 결혼에 대한 이상이라면 아내가 어머니의 아주 특별한 역할을 대신할 것이라는 기대감이 있다. 남성은 배타적인 결혼을 이상적으로 가장해서 실제로는 어머니의 보호를 갈구하기에, 아내의 소유욕이라는 손아귀에 놀아난다. 남성은 무의식에 관한 어둡고 막대한 힘에 대한 두려움 때문에 아내에게 부당한 권한을 부여한다. 결국 위험할 정도로 긴밀한 결합을 만들어 내 결혼 생활이 내적 긴장 때문에 폭발 직전에 처해 있다.[32]

남성이 심리적 발달의 어느 단계에 있든 간에, 자신의 아니마, 즉 영혼을 실제 여성에게서 지각하는 경향이 있다. 아니무스도 마찬가지다. 이들의 개인적 측면이 통합되고 이들의 의미가 이해되더라도, 이들의 본질적 특질은 사라지지 않는다.

> 아니마와 아니무스의 효과를 의식으로 끌어올릴 수 있음에도, 아니마와 아니무스 자체는 의식을 초월하는 요인이자 지각이나 의지를 넘어서는 요인이다. 그러므로 아니마와 아니무스의 내용이 통합되었더라도 이들은 독립적이기 때문에, 끊임없이 마음에 새겨야 한다.[33]

생애 초기 남성의 심리적 우선 과제는 어머니의 아니마 매혹에서 벗어나는 것이다. 생애 후기에 아니마와 의식에서 멀어지면 "영혼의 상실"이라 불리는 증상들이 나타난다.

> 청년들은… 아니마를 온전히 상실하더라도 큰 피해 없이 견딜 수 있다. 이 단계에 중요한 과업은 청년이 남성이 되는 것이다….
> 그러나 생애 중반 이후 아니마를 영구적으로 상실한다는 것은 생명력, 유연성, 인간의 친절함이 줄어든다는 것을 뜻한다. 결과는 대체로 미성숙한 엄격성, 퉁명함, 놀랄 만한 편향성, 완고함, 규칙에 얽매임, 고정관념에 사로잡힘, 또는 체념, 피로, 게으름, 무책임, 결국 알코올에 의존하는 경향을 지니는 유치한 성마름ramillissement이다.[34]

남성이 아니마의 특질과 친숙해지는 길은 적극적 명상을 이용하는 것이다. 이 방식은 아니마를 자율적인 인격으로 의인화해서 질문하고 반응에 주의를 기울이면서 이루어진다.

> 나는 이것이 실질적 기법이라는 말이다…. 적극적 명상이라는 기법은 우리 눈에 보이지 않는 파트너가 자신의 목소리를 내도록 하고, 표현 메카니즘을 순간적으로 마음대로 사용하도록 허용하는

Anima
아니마

데 있다. 스스로 이런 터무니 없는 게임을 할 때 자연스럽게 느끼는 거부감이나 대화 상대 목소리의 진정성을 의심하지 않아야 한다.**35**

융은 인간 발달에서 그림자와의 대면은 "견습작"이고 아니마와의 대면은 "걸작"이라고 시사했다.**36** 목표는 아니마가 골칫거리 적대자가 아니라 의식과 무의식 사이의 관계를 형성하는 기능으로 변화하는 것이다. 융은 이를 "자율적인 콤플렉스로서 아니마의 정복"이라 불렀다.

이 목표가 달성되면 집단성 및 집단 무의식과의 모든 사슬에서 자아를 분리할 수 있다. 이 과정을 통해 아니마는 자율적 콤플렉스의 사악한 힘을 상실한다. 힘이 약해진 아니마는 더 이상 소유욕을 부릴 수가 없다. 아니마는 더 이상 미지의 보물을 지키는 자가 아니며, 더 이상 반수반신인 성배의 사악한 사자 쿤드리Kundry도 아니다. 소위 "정부Mistress"라 부르는 영혼이 아니라, 아니마는 직관적 특성을 띠고 심리적으로 작용한다. 원시인들이 "그가 정령들과 대화하러 숲으로 들어갔다"고 말하는 것이나, "내 뱀이 내게 말했다"고 말하는 것과 유사하다. 유아기의 신화적인 언어로 "작은 새가 내게 말했다"라고 표현하는 것과도 비슷하다.**37**

Animus 아니무스

여성 내면의 남성성.

◊ **animus**(아니무스), **eros**(에로스), **logos**(로고스)와 **soul-image**(영혼 이미지)도 참조.

남성 내면의 아니마처럼, 아니무스는 개인적 콤플렉스이자 원형 이미지다.

> 남성적 요소로 보상받은 여성의 무의식은 소위 남성적 각인이 있다. 이것이 여성과 남성의 상당한 차이를 낳는다. 여성 내면의 투사를 만드는 요인을 아니무스라 부르는데, 아니무스는 정신mind이나 영spirit을 의미한다. 아니마가 모성 에로스에 들어맞는 것과 마찬가지로 아니무스는 부성 로고스에 들어맞는다.**38**

> 말하자면 아니무스는 여성 선조들의 경험이 켜켜이 쌓인 것인데, 이뿐만이 아니라 남성은 창조적이고 생식적인 존재다. 이는 남성적 창조성이라는 의미가 아니라, 우리가 정자의 말spermatic word이라고 말할 수 있는⋯ 것을 낳는다는 의미에서 그렇다.**39**

남성 내면의 아니마가 남성의 영혼으로 작용하는 반면, 여성 내면의 아니무스는 무의식에 훨씬 더 가깝다.**40** 아니무스는 부정적으로는 고착된 견해, 집단적 의견, 절대적 진리라 주장하는 무의식적이며 **선험적**a priori 추정assumptions의 형태로 나타난다. 소위 아니무스 포제션animus-posession이라고도 불리는, 아니무스와 동일시하

Animus
아니무스

는 여성에게 에로스는 일반적으로 로고스에 이어 두 번째 자리를 차지한다.

아니무스에 사로잡힌 여성은 언제나 자신의 여성성을 상실할 위험에 처해 있다.**41**

아무리 친근하고 조력하는 에로스라고 해도, 여성이 아니무스에 휩싸여 있다면 지상의 어떤 논리도 여성을 흔들 수 없다…. [남성은] 전장을 떠나 다른 여성(이를테면 그의 아내)이 전투를 계속하도록 내버려 두면(그의 아내가 맹렬한 전투마가 아니라면), 매우 극적인 상황이 순식간에 진부하고 흥미진진하지 않은 결말로 끝날 것이라고는 자각하지 못한다. 이 건실한 아이디어는 남성에게 거의 또는 전혀 떠오르지 않는다. 어떤 남성도 자신의 아니마의 희생양이 되지 않고는 5분이라도 아니무스와 대화할 수 없기 때문이다.**42**

이 자생적 콤플렉스가 만들어 낸 관념과 자신이 진정으로 생각하는 것 사이의 차이를 여성이 스스로 말할 수 있을 때 아니무스는 비로소 쓸모 있는 심리적 요인이 된다.

아니마처럼 아니무스도 긍정적인 측면이 있다. 아버지의 모습을 통해 관습적인 견해뿐 아니라 우리가 소위 '영spirit'이라 부르는 것, 특히 철학적이거나 종교적인 견해, 또는 여기서 비롯된 태도를 동등하게 표현한다. 그러므로 아니무스는 영매 psychopomp로, 의식과 무의식 사이의 매개자이고 무의식의 의인화다.[43]

융은 여성의 아니무스 발달을 네 단계로 설명했다. 융은 첫 단계에서, 꿈과 판타지에서 육체적 힘을 체화하는 운동선수, 근육질 남성 또는 폭력배로 등장한다고 말한다. 두 번째 단계에서 아니무스는 여성에게 주도권과 계획된 행동 능력을 내어준다. 여성의 독립과 자신의 경력에 대한 욕망 뒤에 아니무스가 있다. 세 번째 단계에서 아니무스는 "말word"인데, 종종 꿈에 교수나 성직자로 의인화된다. 마지막 단계에서 아니무스는 영성적 의미의 현현이다. 최상의 단계에서 아니마가 소피아였듯이, 아니무스는 여성의 의식과 무의식 사이를 중재한다. 아니무스의 이런 특성은 신화에서 신들의 전령인 헤르메스로 나타나고, 꿈에서는 도움을 주는 안내자로 나타난다.

아니무스의 이런 특성 중 무엇이든 남성에게 투사될 수 있다. 투사된 아니마와 마찬가지로, 이는 비현실적인 기대와 관계에 대한 비난으로 이어질 수 있다.

Animus
아니무스

아니마처럼 아니무스도 질투하는 연인이다. 아니무스는 실제 사람을 대신해 의견을 제시하는 데 능숙한데, 논쟁의 여지가 있는 근거는 절대 비판하지 않는다. 아니무스 견해들은 일관되게 집단적이며, 이러한 견해들은 남성과 아내 사이에서 아니마가 정서적 기대와 투사를 떠넘기듯이 개인의 견해와 판단을 기각시킨다.**44**

대립하는 콤플렉스가 존재한다는 것은 어떤 남녀 관계든 최소한 네 가지 인격이 연관되어 있다는 뜻이다. 가능한 대화의 라인이 아래 도식에서 화살표로 나타난다.**45**

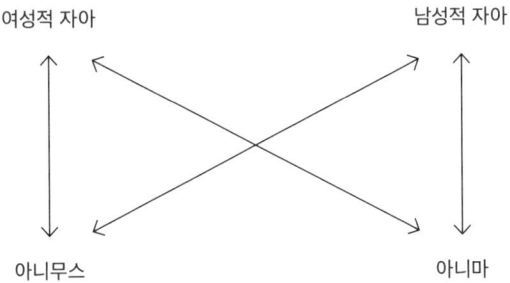

아니마의 영향을 이해할 때 남성의 임무는 자신의 진정한 감정을 발견하는 것인 반면, 여성은 자신의 견해에 끊임없이 질문하여 아니무스의 특성과 친숙해지는 것이다.

아니무스를 받아들이려 애쓰는 기법은 아니마를 받아들이는 원리와 같다. 여기서 여성은 자신의 견해를 비판하고 거리를 두는 법을 배워야 한다. 이 견해를 억압하기 위한 것이 아니라, 견해의 기원을 조사함으로 배경에 좀 더 깊이 천착하여, 남성이 자신의 아니마를 다루듯 여기서 근원적 이미지를 발견할 것이다.**46**

Anthropos
안트로포스

본래의 혹은 태고의 사람. 연금술, 종교, 영지주의 철학에서 **온전성**wholeness의 원형 이미지.

무의식에 이미 존재하는 온전성이 있다. 이를 서양 연금술에서는 "호모 토투스homo totus", 중국 연금술에서는 진인true man이라 불렀다. 이는 내면의 위대한 인간, 안트로포스를 나타내는 원형의 원초적 인간으로 신과 유사한 존재다.**47**

Apotropaic
아포트로픽

대상이나 사람의 영향을 약화시키려는 욕구를 토대로 한 "마술적 사고"의 묘사. 아포트로픽 행위는 심리적 태도의 한 형태로서 내향성을 지님.

나는 방 안에서 접촉할 수 있는 모든 대상의 이름을 배우고 나서야 처음 걸으려고 시도하는 내성적인 아이를 본 적이 있다.**48**

Apperception
통각

새로운 의식적 내용을 이해할 수 있도록 비슷하면서 이미 존재하는 내용으로 명료화하는 심리적 과정.

♦ assimilation(동화)과 비교.

감각 지각sense-perception은 무언가 **있음**을 우리에게 말해준다. 그러나 그것이 **무엇인지는** 말해주지 않는다. 지각 과정이 아니라 **통각** 과정으로 우리에게 말하는데, 이는 고도로 복잡한 구조다. 감각 지각이 그렇게 단순한 것은 아니며, 다만 복잡한 특질은 심리적인psychic 것이라기보다는 생리적인 것이다. 반면에 통각 지각은 초자연적인psychic 것이다.[49]

융은 **수동적** 통각과 **능동적** 통각을 구분한다. 능동적 통각에서, 자아는 새로운 것을 부여잡고 그것을 감당하게 된다. 수동적 통각에서 새로운 내용이 외부(감각을 통해)나 내부(무의식에서)를 통해 의식에 강제로 올라온다. 통각은 또 방향성이 있거나 없을 수도 있다.

전자의 경우 "관심"이라 이야기하고 후자의 경우는 "판타지"나 "몽상"이라 말한다. 방향성이 있는 과정은 이성적이고, 방향성이 없는 과정은 비이성적이다.[50]

Archaic   고태적

태고의 혹은 본래의.

◆ **patcicipation mystique**
(신비적 참여)도 참조.

아무리 의식이 고도로 발달한 문명인이더라도 정신의 깊은 차원에서는 여전히 고태적인 인간이다.[51]

인류학에서 고태적이라는 용어는 일반적으로 원시 심리학을 말한다. 융은 이 단어를 의식적으로 구별되지 않는 사고, 판타지, 감정을 언급할 때 사용한다.

아르카이즘(고태주의)은 주로 무의식, 다시 말해 의식에 도달하는 무의식의 환상들에 집착한다. 이미지는 오해의 여지 없이 신화적인 유사성이 있을 때 고태적인 특질을 보인다. 무의식에서 일어나는 판타지의 유추에 따른 연상과 그 상징 역시 고태적이다. 대상과 동일시 관계나 **신비로운 참여** *patcicipation mystique*도 마찬가지로 고태적이며, 사고나 감정의 구체주의concretism 또한 고태적이다. 충동과 자신을 조절하는 능력 부재도 마찬가지다(황홀경이나 트렌스 또는 무아지경 상태). 감정을 지닌 사고, 감각을 지닌 감정, 직관을 가진 감정처럼, 심리적 기능들의 융합도 고태적이며, 한 가지 기능 일부와 그 반대 기능의 융합도 마찬가지로 고태적이다.[52]

Archetype
원형

인간 정신의 태초의 구조적인 요소들.

◇ **archetypal image** (원형 이미지)와 **instinct**(본능) 참조.

원형은 행동을 준비하는 체계인 동시에 이미지와 정서다. 원형들은 뇌구조에 유전되는데, 실제로 초자연적인psychic 측면이다. 한편으로 원형은 매우 강력한 본능적 보수주의를 나타내는 동시에, 다른 한편으로는 본능적으로 적응할 수 있는 가장 효과적인 수단이기도 하다. 그러므로 원형들은 본질적으로 정신의 땅속chthonic 깊은 부분으로… 이를 통해 정신이 자연과 접한다.[53]

이것은 …물려받은 **아이디어**의 문제가 아니라 물려받은 아이디어의 가능성의 문제다. 원형은 개별적인 습득물은 아니지만 대부분 누구에게나 공통적인 것으로, 보편적으로 일어날 수 있다.[54]

원형은 자체로는 기술할 수 없으나, 원형의 효과는 원형 이미지와 모티프에서 구분할 수 있다.

원형은… 의식의 내용이 되는 모든 것이 그렇듯, **아이디어와 이미지** 자체로 나타난다.[55]

원형은 정의상, 심리적 요소들을 특정 이미지로 처리하는 요인과 모티프들인데, 이 이미지는 원형적인 특성을 띠며, 원형이 만들어 내는 효과로만 인식할 수 있다.[56]

융은 또 원형을 "본능적 이미지들", 즉 본능이 취하는 형상forms으로 묘사했다. 융은 스펙트럼을 사용하여 이를 설명했다.

> 본능의 역동은 마치 스펙트럼의 적외선 부분에 자리하는 것처럼 보인다. 반면, 본능적 이미지는 자외선 부분에 놓인다…. 본능의 실현과 동화는 본능적 영역으로 흡수되기에, 적색의 극단에서는 일어날 수 없다. 그러나 비록 생물학적 차원에서 우리가 만나는 것과 꽤 차이가 나더라도, 본능을 나타내거나 동시에 불러일으키는 이미지를 통합하면서 본능이 실현되고 동화가 일어난다.[57]

본능들	원형들
적외선 ————————————————	———————————————— 자외선
(신체적: 몸 증상, 본능적 지각 등)	**(심리적**: 꿈, 상상, 이미지, 판타지 등)

> 심리적으로… 본능 이미지로의 원형은 인간이 본질적으로 매진하는, 영성적 목표를 향한다. 이는 모든 강이 제각각으로 향하는 곳이 바다이고, 영웅들이 용과의 싸움에서 얻어내는 전리품이다.[58]

원형은 개인적 차원에서 콤플렉스들을 통해, 집단적 차원에서 전체 문화의 특징으로도 나타난다. 융은 각 시대별로 원형의 내용과 효과를 새롭게 이해하는 것이 과업이라 믿었다.

우리는 원형적 토대에서 합법적으로 벗어날 길이 없는데, 신경증이라는 값을 치를 준비가 되어 있지 않은 한 그렇다. 이는 자살하지 않고는 우리가 몸과 장기들을 제거할 수 없는 것과 마찬가지다. 우리가 원형을 부인하거나 무력화할 수 없다면, 문명이 도달하는 의식 분화의 새로운 단계마다 우리 안에 있는 과거와 현재의 삶을 연결하여 이 단계에 적합한 새로운 **해석**을 찾아내야 하는 과제에 직면한다.⁵⁹

Archetypal Image
원형 이미지

의식 내에 원형의 형태나 표현.

◆ **collective unconscious**
(집단 무의식)도 참조.

[원형은] 원형 이미지의 신비함과 매혹적인 힘에서 느껴지는 역동이다.⁶⁰

집단 무의식에서 오는 보편적 패턴이나 모티프로써, 원형 이미지는 종교, 신화, 전설, 민담의 토대가 되는 내용이다.

원형적 내용들은 은유로 그 자체를 나타낸다. 만일 이런 내용이 태양에 관해 말해야 한다면, 그리고 사자, 왕, 용이 지키는 금 무더기나 인간의 건강과 수명을 이해하는 힘과 태양을 동일시해야 한다면, 이런 모든 비유들에서 다소 적절한 표현인지

46

알 수 없는 제3의 존재를 찾는다. 그러나 여전히 끊임없는 지적 번민으로, 미지로 남아 있고 어떤 공식에도 들어맞지 않는다.**61**

개인 차원에서 원형적 모티프는 시공을 초월한 인류의 보편적인 사고나 행동의 패턴이다.

나는 수년간 무의식의 산물, 즉 꿈, 판타지, 비전, 정신병 환자의 환상에 이르기까지 가장 광범위한 의미에서 관찰하고 조사해 왔다. 나는 어떤 규칙성, 즉 **패턴**_types_을 인식하는 것을 피할 수 없었다. 빈번하게 되풀이되는 **상황**과 **인물**의 패턴이 존재하며, 각각 특정한 의미를 지닌다. 따라서 나는 이런 반복을 지적하기 위해서 "모티프motif"라는 용어를 사용한다. 그러므로 전형적인 꿈뿐만 아니라 전형적 모티프도 있다…. [이 모티프를] 일련의 원형들이라 정리할 수 있고 이 중 주요한 것들이… **그림자**, **현자**, **어린이**(어린 영웅을 포함), 비범한 인격으로의 **어머니**('근원의 어머니'와 '대지모'), 그리고 이에 상응하는 **처녀**, 마지막으로 남성 내면의 **아니마**와 여성 내면의 **아니무스**다.**62**

Assimilation 동화

사람, 사물, 아이디어, 가치 같은 외부 대상과 무의식의 내용을 의식으로 통합하는 과정.

동화는 새로운 의식 내용을 이미 구성된 주관적 자료에 근사치approximation로 보여준다…. 근본적으로 [동화는] 이해의 과정이지만, 주관적 자료의 근사치에 대한 이해와는 구별된다….

나는 '동화'라는 용어를 일반적으로 주체에 대한 객체의 근사치로 사용하는데, 이는 객체에 대한 주체의 근사치인 '이탈화dissimilation'와는 대조를 보인다…. 결과적으로 외적 객체이든 심리적 객체(예를 들어 아이디어)이든 간에 객체에게 유리해지고, 이탈화로 인해 주체는 자신에게서 소외된다.[63]

Association 연상

어떤 특정 아이디어를 둘러싸고 서로 연결되는 사고나 이미지들의 자발적인 흐름. 종종 무의식적 연결이 결정함.

◆ **word association experiment**
   (단어연상실험) 참조.

꿈에서 이미지에 대한 개인적 연상과 확충은 이해를 위한 중요한 첫 단계다.

Attitude
태도

특정 방식으로 행하거나 반응하는 정신의 준비 상태. 이는 기저에 있는 심리적 지향성orientation을 토대로 함.

◆ **adaption**(적응), **type**(유형)과 **typology**(유형학)도 볼 것.

존재하거나 잠재된 무수한 태도에서 네 가지 기본 심리적 기능을 선별했다. 바로 사고, 감정, 감각, 직관이다. 이 태도 중 어느 하나가 **습관**이 되어 개인의 인격에 결정적인 흔적을 남긴다면, 나는 이를 심리적 유형이라 부른다. 이러한 **기능-유형**function-types을, 사고형, 감정형, 감각형, 직관형이라 부를 수 있는데, 이를 다시 합리적, 비합리적 유형으로 나눈다. …리비도 움직임의 우세한 경향으로 둘로 더 나눈다면 내향과 외향이다.[64]

각자의 핵심적 특질조차도 개인의 전체 심리는 자신의 습관적인 태도에 따른다. […이는] 선천적 성향, 환경적 영향, 삶의 경험, 차별화를 통해 얻어낸 통찰력과 확신, 집단의 견해 등과 같이 정신에 결정적인 영향을 미치는 모든 요인의 결과다….
실제로 태도는 과학적 조사를 피해가는 개별 현상이다. 그러나 실제 경험에서 전형적 태도가 구분될 수 있다…. 습관적으로 특정 기능이 우세할 때 전형적인 태도가 양산된다…. 따라서 전형적 사고, 감정, 감각, 직관적 태도가 존재한다.[65]

환경에 적응하려면 적절한 태도가 필요하다. 그러나 환경이 계속 바뀌므로 한 가지 태도가 언제나 적합할 수는 없다. 특정 태도가 내·외적 실체에 더 이상 맞지 않으면 심리적 어려움(신경증의 발병)이 닥칠 위기를 맞는다.

예를 들어 공감을 통해 실체의 요구를 충족하려는 감정-태도는 사고를 통해서만 해결할 수 있는 상황에 쉽게 직면할 수 있다. 이 경우 감정-태도는 와해되고 리비도의 진전도 멈춘다. 이전에 표현되었던 생동감 있는 감정이 사라지고, 그 자리에 특정 의식의 심리적psychic 가치가 불편하게 늘어난다. 주관적 내용과 반응이 전면에 나타나고 상황은 정동으로 가득 차 폭발을 향해 치닫는다.[66]

긴장이 갈등으로, 갈등은 상호 억압의 시도로 이어진다. 그리고 만일 긴장관계에 놓인 세력 중 하나가 억압에 성공하면 해리, 즉 인격의 분열이나 자신과의 불일치가 뒤따른다.[67]

Autonomous
자율적

일반적으로 무의식의 특질. 특히 활성화된 콤플렉스와 관련된, 의식적 의지에서 자유로움.

Auxiliary Function
보조기능

융의 유형학 모델에서 도움이 되는 두 번째나 세 번째 기능으로 의식에서 상호 결정적인 영향.

경험적으로 절대 주권은 항상 하나의 기능에만 속**할 수 있다**. 독자적인 다른 기능이 동등하게 개입하면 반드시 다른 방향을 제시하기 때문인데, 이는 최소한 부분적으로는 첫 번째 기능에 모순된다. 그러나 의식적인 적응 과정이 항상 명확하고 모호하지 않은 목표를 갖는 것이 중요 조건이기 때문에 동등한 힘을 지닌 두 번째 기능의 존재는 당연히 배제된다. 그러므로 이 다른 기능은 이차적인 중요성만 지닐 수 있다…. 이 이차적 중요성은 주기능과 달리… 절대적으로 의존할 수 있고 결정적인 요인도 될 수 없어서, 보조적이거나 보상적 기능으로 더 많이 활용된다.[68]

보조기능은 항상 우월기능 혹은 주기능과 다른 특질을 지니지만 주기능에 반하지는 않는 기능이다. 비합리적 기능(직관과 감각) 중 하나는 합리적 기능(사고든 감정이든) 중 하나가 보조기능이 될 수 있고 반대의 경우도 가능하다.

따라서 사고와 감각은 쉽게 짝을 이룰 수 있는데, 직관과 감각의 본질은 사고 기능과 근본적으로 반대되지 않기 때문이다. 마찬가지로 감각은 보조기능으로 사고나 감정의 지지를 받을 수 있고, 감정은 감각이나 직관의 조력을 받을 수 있고, 직관은 감정이나 사고와 잘 어울린다.

> 그 결과 도출된 조합[**다음 페이지 그림 참조**]은 친숙한 그림을 제시하는데, 그 예로 실용적인 사고는 감각과 동맹을 맺고, 사변적인 사고는 직관과 발전하고, 예술적 직관은 감정적 가치의 도움

으로 이미지를 선별하고 표현한다. 철학적 직관은 강력한 지성의 방식으로 자체 비전을 종합적인 사고로 체계화한다.[69]

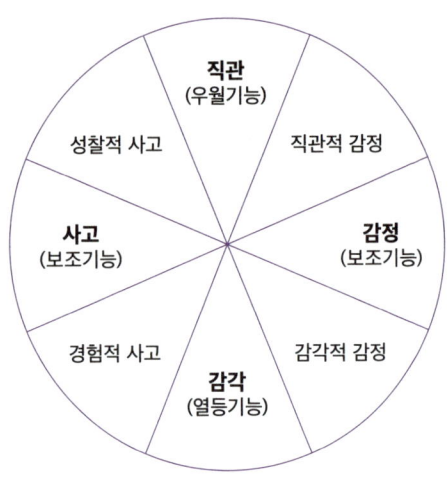

Axiom of Maria
마리아의 공리

연금술의 교훈. "하나는 둘이 되고, 둘은 셋이 되며, 셋 중 하나가 넷이 됨.

융은 마리아의 공리를 개성화 전체 과정에 대한 은유로 사용했다. **하나**는 무의식 전체인 본래 상태이고, **둘**은 대극의 갈등을 나타낸다. **셋**은 잠재적 해결책으로, 초월적 기능을 나타낸다. **넷**은 변형된 의식 상태로, 상대적으로 온전하고 평화로운 상태다.

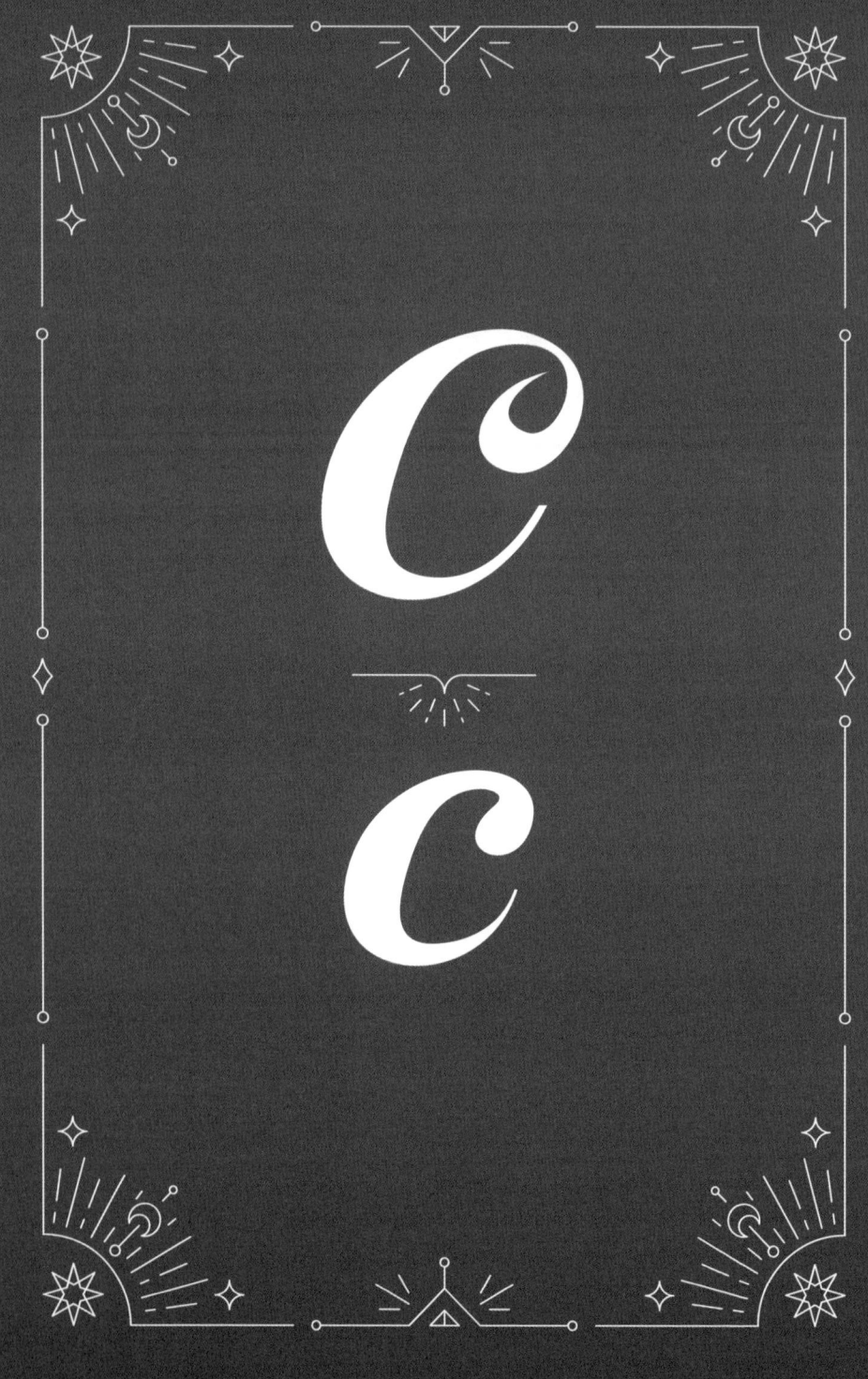

Cathartic Method
카타르시스 방법

트라우마와 관련된 정서의 해소를 포함하는 신경증을 다루는 고백적 접근.

고백을 통해 나는 마침내 도덕적 망명의 부담에서 벗어나 인간성의 품으로 다시 몸을 던진다. 카타르시스 방법의 목적은 완전한 고백이다. 단순히 머리로 사실을 지적으로 인식하는 것이 아니라 가슴으로 확인하고 억압된 정서를 실질적으로 해소하는 것이다.[1]

융은 카타르시스 테라피의 효과를 인정하지만 융의 경력 초기에 분석 과정에서 그 한계를 인식했다.

카타르시스가 만병통치약이라는 것을 입증했다면 새로운 심리학은 그저 고백 단계에 머물렀을 것이다. 그러나 무엇보다도 그림자를 인식하기 위해 환자들을 무의식에 충분히 가까이 데려가는 일이 언제나 실현되지는 않는다. 환자들은 이미 고백할 만큼 충분하며, 굳이 무의식으로 돌아갈 필요는 없다고 말한다.[2]

Causal
인과관계의

인과에 기반한 심리적 현상의 해석에 대한 접근.

◇ **final**(궁극적)과 **reductive**(환원적)도 참조.

Child
어린이

심리적으로 회복할 수 없는 과거 이미지와 미래 발전에 대한 기대 모두를 포함하는 것.

♦ incest(근친상간) 참조.

'어린이'는 … 처음과 끝, 시작과 종말의 피조물이라…. 인간의 전의식pre-conscious과 사후의식post-conscious의 본질이다. 전의식의 본질은 초기 아동기의 무의식적인 상태이고, 사후의식의 본질은 죽음 후의 삶을 유추하는 기대다. 이 아이디어에는 심리적 완전성psychic wholeness을 수용하는 본질이 나타난다.³

어린이 원형에는 소외감이나 버림받은 감정이 형성되어 있는데, 그 영향은 이중적이다. 종속을 퇴행적으로 갈구하는 "불쌍한 나" 증후군과, 역설적으로 과거에서 벗어나고픈 절박한 열망이 동시에 있다. 후자는 신성한 어린이 원형의 긍정적인 측면이다.

유기, 노출, 위험 등은 '아이'의 사소한 시작, 신비하고도 기적 같은 탄생을 정교하게 만든 설명이다. 이 진술은 창조적 본성의 특정한 심리적 경험을 나타내는데, 아이란 새롭고 아직은 알려지지 않은 내용이 등장하는 것이다. 개인 심리학에서는 이러한 순간마다, 의식적인 마음에서 탈출할 길이 없는 고통스러운 갈등 상황에 놓이는데, 이는 **제3의 선택**_terium non datur_이 존재하지 않기 때문이다.⁴

'어린이'는 독립을 향해 진화하는 것을 뜻한다. 이는 자신의 기원에서 분리되지 않고는 해낼 수 없다. 그러므로 유기는 [의식의] 단순한 동반 증상이 아니라 필요조건이다.[5]

Circumambulation
순행, 원점회귀 순행

다양한 관점으로 이미지를 반추하여 해석하는 것을 설명하기 위해 사용한 용어.

원점회귀 순행은 선형이 아니라 원형이라는 점에서 자유 연상과는 차이가 있다. 자유연상은 본래 이미지에서 멀어지는 반면, 원점회귀 순행은 이미지에 가까이 머문다.

Collective
집단적

한 개인이 아니라 일반적으로 사회나 국민, 또는 인류 전체에 속하는 심리적 내용들.

♦ **collective unconscious** (집단 무의식), **individuation**(개성화), **persona**(페르소나)도 참조.

의식적 인격은 집단 정신의 다소 임의적인 부분이다. 이는 개인적이라 느끼는 심리적 요인들의 집합을 구성한다.[6]

집단적이고 자발적인 분리와 동일시되는 것은 질병이나 마찬가지다.[7]

집단적 특질은 특정한 심리적 요소나 내용뿐 아니라 전체 심리적 기능까지 적용된다.

그러므로 대체로 사고기능은 집단적인 특성이 있는데, 이 기능이 일반적인 타당성을 갖추고 논리법칙에 들어맞을 때 그렇다. 마찬가지로 감정기능

은 대체로 집단적인데, 일반적 감정과 동일시될 때
와, 일반적 기대나 도덕의식 등과 일치할 때 그렇
다. 동시에 감각과 직관 역시 대규모 집단에서 집
단적 특성을 보인다.[8]

Collective Unconscious
집단 무의식

인간 정신의 구조층으로, 개인 무의식과 구별되는 유전적 요소를 내포.

♦ **archetype**(원형)과 **archetypal image** (원형 이미지) 참조.

집단 무의식에 인류 진화 전체의 영성적 유산을 내포하고 있으며, 이는 모든 개인의 뇌 구조에서 새롭게 태어난다.[9]

융은 개인적 경험의 토대로는 설명할 수 없는 심리적 현상의 보편성에서 집단 무의식 이론을 도출했다. 예를 들어 무의식의 판타지 활동은 두 범주로 구분한다.

먼저 (꿈을 포함해서) 개인적 성격을 지닌 판타지는 개인적 경험, 특히 망각이나 억압된 것으로 확실히 되돌아가며, 이에 따라 개인적 회상으로 설명된다. 다음으로 (꿈을 포함해서) 비개인적 성격의 판타지는 각자의 과거 경험으로 돌아가지 못한다. 그래서 개인적으로 얻어낸 것이라고 설명할 수도 없다. 이런 판타지 이미지들은 의심할 바 없이, 신화적 유형에서 가장 유사하다. …이러한 경우가 너무 많아서 우리는 집단적 심혼적 층위의 존재를 추정할 수밖에 없다. 나는 이를 **집단 무의식**이라

고 부른다.**10**

> 우리가 말할 수 있는 범위 안에서 집단 무의식은 신화적 모티프나 원초적 이미지로 구성된 것처럼 나타난다. 이런 이유로 모든 나라의 신화들은 집단 무의식의 진정한 대표자라 볼 수 있다. 사실, 신화학 전체는 집단 무의식의 일종의 투사로 받아들일 수 있다. …따라서 우리는 신화학이나 개인 분석, 이 두 가지 방식으로 집단 무의식을 연구할 수 있다.**11**

개인 무의식의 내용들을 더 잘 인식하면 할수록 집단 무의식을 구성하는 풍부한 이미지와 모티브의 층이 더 잘 드러난다. 이는 인격을 확장시키는 효과가 있다.

> 이런 방식으로 사소하고 과민한 자아 중심의 개인적 세계에 더 이상 갇혀 있지 않고, 객관적 관심을 지니는 더 넓은 세상에 자유롭게 참여하는 의식이 생겨난다. 이렇게 확장된 의식은 더 이상 개인적 소망, 두려움, 희망, 야망 같은 예민하고 이기적인 집합체가 아닌데, 이런 것들은 무의식의 반대 경향성 counter-tendency이 보상하고 교정해야 한다. 대신 객관적 세계와의 관계를 쉽게 해주고, 개인을 더 큰 세계와 절대적이고 결속된 관계로 이어준다.**12**

Compensation 보상

정신에서 균형을 되찾거나 유지하려는 자연적인 과정.

♦ **active imagination**
(적극적 명상),
dreams(꿈),
neurosis(신경증),
self-regulation of the psyche(정신의 자기조절)
참조.

의식 활동은 **선별적**이다. 선별은 **지향**을 요구한다. 그러나 지향은 **관련 없는 것들을 전부 배제**해야 한다. 이는 의식적 지향을 편향되게 만들 수밖에 없다. 선택한 방향에 따라 배제되고 금지된 내용은 무의식으로 들어가서 의식적 지향에 균형추를 형성한다. 이렇게 균형을 맞추는 자리를 강화하는 것은 의식적 편향성이 늘어나는 데 보조를 맞추며, 억압된 무의식의 내용이 마침내 꿈이나 자율적 이미지 같은 형태로 표출될 때까지 이어진다…. 대체로 무의식적 보상은 의식에 반하는 것이 아니라, 오히려 의식적인 방향성에 균형을 맞추거나 보충하는 역할을 한다. 예를 들어 꿈에서 무의식은 의식적 상황과 관계된 모든 내용을 지원하지만, 이 내용에 대한 지식은 완전한 적응을 위해 반드시 알아야 한다.[13]

신경증에서 의식이 극단적으로 편향되었다면, 분석적 테라피의 목표는 무의식 내용을 자각하고 동화하여 보상을 재정립하는 것이어야 한다. 이는 꿈, 정서, 행동 패턴에 세심하게 관심을 기울이고 적극적 명상을 통해 실현할 수 있다.

Complex   콤플렉스

정서적으로 강하게 얽힌 아이디어나 이미지 그룹.

♦ **word association experiment**
(단어연상 실험) 참조.

[콤플렉스는] 특정한 심리적 상황의 **이미지**인데, 이는 강하게 두드러지는 정서를 드러내지만 습관적인 의식적 태도와는 양립할 수 없다.[14]

무의식에 이르는 **왕도**_via regia_는, [프로이트가] 생각했듯이… 꿈이 아니라 콤플렉스다. 콤플렉스는 꿈과 증상의 설계자다. 그러나 이 길이 '왕도'라고 할 수는 없는데, 콤플렉스가 가리키는 방식이 거칠고 극도로 구불구불한 오솔길에 가깝기 때문이다.[15]

형식적으로 콤플렉스는 '감정이 실린 아이디어 feeling-toned ideas'인데 이는 특정 원형들, 예를 들어 '아버지'나 '어머니'처럼, 주변에 수년간 축적된 원형들이다. 콤플렉스가 형성될 때는 언제나 정동을 수반한다. 콤플렉스는 항상 상대적으로 자율성을 띤다.

콤플렉스는 의지의 의도를 방해하고 의식적으로 행하는 것들을 간섭한다. 콤플렉스는 기억에 간섭을 일으키고 연상의 흐름을 막는다. 콤플렉스는 자기 법칙에 따라 나타났다 사라진다. 콤플렉스는 일시적으로 의식을 사로잡거나 무의식적으로 말이나 행동에 영향을 미친다. 한 마디로 콤플렉스는 독립적인 존재처럼 행동한다.[16]

Complex
콤플렉스

콤플렉스는 사실 "쪼개진 정신splinter psyches"이다. 콤플렉스의 기원은 종종 트라우마나 정서적 충격 등과 유사한 것이고, 콤플렉스는 정신에서 한 조각 떨어져나온 것이다. 가장 흔한 원인 중 하나는 도덕적 갈등인데, 이는 궁극적으로 자신의 온전한 본성에 동의하기가 어려워지는 데에서 유래한다.[17]

오늘날 사람들이 '콤플렉스'를 가지고 있다는 것은 누구나 안다. 그러나 이론적으로 훨씬 중요하지만 잘 알려지지 않은 것은, 콤플렉스가 **우리를 가지고** 있다는 점이다.[18]

융은 콤플렉스 자체가 부정적인 것이 아니라, 단지 그 영향이 간혹 부정적일 뿐임을 강조한다. 물리적인 대상에서 보이지 않는 원자와 분자가 구성요소인 것처럼, 콤플렉스는 정신의 구성요소이자 모든 인간 정서의 근원이다.

콤플렉스는 정신적 삶의 초점이자 결정적 지점으로, 사람들은 그것이 없기를 바라지 않는다. 사실 콤플렉스는 없어서는 안 되는데, 없다면 정신적 활동이 치명적인 정지상태가 될 것이기 때문이다.[19]

콤플렉스는 분명 가장 넓은 의미에서는 일종의 열등감으로 나타난다…. [그러나] 콤플렉스를 가지고 있다고 반드시 열등감이 있는 것은 아니다. 단지 불협화음을 일으키고 동화되지 못하고 적대적인 어떤 것이 존재한다는 의미일 뿐이다. 아마도 장애물이겠지만, 엄청난 노력을 위한 자극이기에 성취를 위한 새로운 가능성이기도 하다.[20]

어느 정도의 편향성은 피할 수 없는데, 마찬가지로 콤플렉스 역시 피할 수 없다.[21]

콤플렉스의 부정적 효과는 종종 심리적 기능(감정, 사고, 직관, 감각) 중 하나 또는 다른 기능의 왜곡으로 경험된다. 예를 들어 건전한 판단력과 적절한 감정으로 반응해야 하지만, 사람들은 종종 콤플렉스가 지시하는 대로 반응한다. 당사자가 콤플렉스에 대해 무의식적인 한, 그 사람은 콤플렉스가 조정하는 데 끌려다닐 수밖에 없다.

콤플렉스에 사로잡히는 것 자체로 신경증에 걸렸다고 볼 수는 없다…. 고통스럽다고 병리적 장애가 있는 것도 아니다. 고통은 질병이 아니다. 이는 정상적인 행복의 반대쪽이다. 콤플렉스는 우리 스스로 콤플렉스가 없다고 생각하는 한 병리적으로 바뀐다.[22]

콤플렉스, 특히 아니마/아니무스나 그림자와의 동일시하는 행위가, 신경증의 주된 원인이다. 이 경우 분석의 목표는 콤플렉스를 제거하는 것이 아니다. 과거 행동 패턴이나 정서적 반응에 콤플렉스가 작동했던 방식을 이해해 콤플렉스의 부정적 효과를 최소화하는 것이 목표다.

> 콤플렉스는 온전히 다 살아내는 것으로만 진정으로 극복할 수 있다. 다시 말해 우리가 더 성장하려면, 콤플렉스 때문에 거리를 두던 것으로 다가가서 바로 그 앙금까지 다 마셔버려야만 한다.[23]

Concretism 구체주의

전적으로 감각을 통한 지각에 기반한 고태적이고 미분화된 사고 또는 감정 양식.

◆ **abstraction**(추상화)와 비교.

정신적 기능의 한 방식으로 구체주의는 좀 더 일반적으로 **신비적 참여**[신비한 관계]participation mystique 개념과 밀접하게 연관된다. 구체적 사고와 감정은 생리적 자극과 물질적 사실에 속박되어 있다. 이런 방향성은 외부 현실을 인식하는 데 쓸모 있지만 그것을 어떻게 해석하느냐 하는 데는 결함이 있다.

> 구체주의는… 내부 요소를 객관적인 정보로 투사하는 데서 기인하고 단순한 사실들을 거의 미신적으로 숭배한다.[24]

[구체적 사고는] 독자적으로 분리된 것이 아니라 물질적 현상에 매달린다. 이는 거의 **유추**의 단계에서 일어난다. 원시적 감정은 물질적 현상에 동일하게 묶여 있다. 둘 다 감각에 의존하고 아주 미세한 차이만 있을 뿐이다. 따라서 구체적인 사고는 아르케이즘archaism이다. 주물fetish의 마술적 영향은 주관적 감정 상태로 경험하는 것이 아니라 마술 효과로 감지한다. 이것이 구체적인 감정이다. 원시인은 신성에 대한 아이디어를 주관적으로 경험하지 않는다. 그들에게 신성한 나무는 신의 거처이거나, 심지어 신 자체다. 이것이 구체적인 concretistic 사고다. 문명인에게 구체적인 사고란 감각이 즉각 전달하는 명백한 사실 외에는 어떤 것도 상상할 수 없거나, 주관적 감정과 감각된 대상 사이에 구별할 능력이 없는 것이다.[25]

Conflict
갈등

결정하지 못하는 상태와 그에 따른 내적 긴장.

♦ **opposites**(대극)과 **transcendent function**(초월적 기능) 참조.

견딜 수 없는 갈등은 당신 삶이 타당하다는 증거다. 내적 모순 없는 삶은 그저 반쪽짜리 삶이거나 천사에게만 가능한 저 너머의 삶이다. 그러나 신은 천사보다는 인간을 더 사랑한다.[26]

자기the self는 대극 사이의 갈등에서 나타난다. 이것이 **대극의 일치**coincidentia oppositorum다. 그러므로 자기로 향하는 길은 갈등에서 비롯된다.[27]

Conflict
갈등

갈등은 신경증의 전형적 특징이지만 그렇다고 언제나 신경증적인 것은 아니다. 어느 정도의 갈등은 바람직하기까지 한데, 대극 사이에 어느 정도의 긴장 없이는 발달 과정이 방해받기 때문이다. 갈등은 의식의 정상적 기능이 혼선을 빚을 때만 신경증으로 발전한다.

> 갈등을 불러일으키는 것은 진정한 의미에서 루시퍼적 미덕이다. 갈등은 불을 일으키는데, 정동과 정서의 불이다. 모든 불이 그렇듯 이는 두 측면을 지니는데, 하나는 연소의 측면이고, 다른 하나는 빛을 탄생시키는 측면이다.[28]

갈등이 무의식적일 때 긴장은 육체적 증상으로 발현하는데, 특히 위장이나 등, 목에 나타난다. 의식적 갈등은 도덕이나 윤리적 긴장으로 경험된다. 심각한 갈등, 특히 사랑이나 의미와 연관된 갈등은 일반적으로 사고와 감정의 기능 사이의 간극에서 벌어진다. 만일 갈등의 당사자나 상대방이 갈등에 의식적으로 참여하지 않았다면, 의식화하라고 소개할 필요가 있다.

> 대다수 갈등은 본질적으로 해결할 수 없다는 반대 의견이 제기될 수 있다. 사람들은 때로 외부 해결책만을 생각하기에 이 입장을 취하지만, 이는 결

국 근본적인 해결책이 아니다…. 진정한 해결책은 오직 내면에서만 나오고, 그 뒤로는 환자가 다른 태도를 취했기 때문에 나온다.**29**

융이 갈등의 심리학에 주로 기여한 것은, 정신이 자기조절이라는 측면에서 목적을 지닌다는 그의 믿음 때문이다. 만일 대극 사이의 긴장을 의식으로 견뎌낼 수 있다면, 내면에서 무언가가 일어나 갈등을 해결할 것이다. 해결책은 본질적으로 비합리적이고 예측할 수 없다. 일반적으로 자신과 다른 외부 상황에 대해 새로운 태도와 평화로운 느낌으로 나타나고, 이전에 마음에 갇힌 에너지가 해소되고 리비도가 발달한다. 융은 이를 **제3의 선택***tertium non datur* 또는 초월적 기능이라 불렀는데, 일어난 일이 대극을 초월하기 때문이다.

대극의 긴장을 부여잡으려면 인내심과 강한 자아가 필요하며, 만일 부족하면 절박함에서 결정을 내릴 것이다. 그러면 대극은 훨씬 더 강하게 형성될 것이고 갈등은 새로운 힘을 지닌 채로 지속될 것이다.

신경증적 갈등을 해결하려는 융의 기본 가설은 한 사람 안에 분리된 인격(콤플렉스)이 개입된다는 것이었다. 이를 의식화하지 않는 한, 투사를 통해 외부로 드러날 것이다. 따라서 타인과의 갈등은 본질적으로 자기 내면의 무의식적 갈등이 외현화한 것이다.

Conjunctio **결합**

문자 그대로 "결합"으로, 연금술에서 화학적 결합을 언급할 때 사용하며, 심리적으로 대극의 합일과 새로운 가능성의 탄생을 가리킴.

결합은 인간의 정신 발달 역사에서 중요한 위치를 차지하는 **선험적** 이미지다. 이 아이디어를 거슬러 올라가면 연금술에 두 가지 출처가 있음을 알 수 있다. 하나는 기독교인이고 다른 하나는 이교도다. 기독교의 출처는 분명히 그리스도와 교회의 교리인 **신랑과 신부**sponsus and sponsa이며, 여기서 그리스도는 태양Sol, 교회는 달Luna의 역할을 맡는다. 이교도의 출처는 한편으로는 신성혼hiersgamos이며, 다른 한편으로는 신비주의자와 신 사이의 결혼을 통한 결합이다.[30]

융이 사용한 거의 유사한 심리적 의미를 지니는 다른 연금술 용어로는 'unio mystica(신비주의 또는 신성한 혼인)', 'coincidentia oppositorum(대극의 일치)', 'complexio oppositorum(단일 이미지에 체화된 대극)', 'unus mundus(통합된 우주)', 'Phiosopher's Stone(철학자의 돌)' 등이 있다.

Consciousness
의식

심리적인 내용이 자아와 관계를 유지하는 활동이나 기능. 정신Psyche과는 개념적으로 구분되는데, 정신은 의식과 무의식을 모두 포함함.

♦ **opposites**(대극)도 참조.

대극의 식별 없이 의식은 없다.[31]

의식이 발달하는 두 가지 뚜렷한 길이 있다. 하나는 감정적 긴장이 고조되는 순간으로 **파르시팔** *Parsifal*에서 영웅이 가장 큰 유혹의 순간에 암포르타스 상처의 의미를 갑자기 깨닫는 장면과 견줄 만하다. 다른 하나는 사색contemplation의 순간으로, 아이디어가 꿈 이미지처럼 마음에 전달된다. 갑자기 멀리 떨어진 두 가지 아이디어가 섬광처럼 연결된다. 이런 순간은 종종 계시처럼 작동한다. 모든 경우에 외적이건 내적이건 에너지-긴장이 방출되는 것으로, 이것이 의식을 만드는 것처럼 보인다.[32]

정신에 관해 융이 보기에, 개인의 의식은 무의식을 기반으로 발생하는 상부구조다.

의식은 자체에서 창조되는 것이 아니라, 미지의 심층에서 솟아 나온다. 어린 시절에는 서서히 깨어나고, 전 생애 동안 의식은 아침마다 무의식 상태의 깊은 잠에서 깨어난다. 무의식의 원시적 자궁에서 매일 태어나는 아이와 같다…. 수많은 자발적 아이디어와 갑작스러운 사고의 섬광으로 끊임없이 무의식에서 태어난다.[33]

Constellate   배열

활성화되는 것, 대체로 콤플렉스와 그에 수반되는 정서적 반응의 패턴을 언급할 때 사용.

이 용어는 단순히 외부 상황이 심혼적 과정psychic process을 촉발한다는 사실을 설명하는데, 이 과정은 특정 내용들이 함께 모여 행동으로 옮길 준비가 되는 것이다. 어떤 사람이 "배열되었다"고 말할 때, 그 사람이 꽤 확실하게 반응하리라 예상되는 지점에 있다는 뜻이다…. 배열된 내용은 고유한 에너지를 지닌 특별한 콤플렉스다.[34]

Constructive   건설적인

원인이나 출처보다는 목표나 목적에 기반한 심리적 활동의 해석에 관한 접근방법.

♦ **final**(궁극적) 참조.
   reductive(환원적인)와 비교.

나는 환원적인 것에 반하는 방법을 명명하기 위해 **건설적**이고 **종합적인**synthetic이라는 표현을 쓴다. 건설적 방법은 무의식(꿈, 판타지 등)의 산물을 정교하게 만드는 것과 관련 있다. 이는 무의식적 산물을 상징적 표현으로 수용하고, 다음 심리적 발달 단계를 예측하는 것이다.[35]

건설적이거나 종합적인 치료 방법은 최소한 환자에게 잠재하는 통찰을 전제로 하며, 결과적으로 의식화할 수 있다는 의미다.[36]

건설적 방법은 주관적인 차원에서 상징의 확충과 해석을 포함한다. 꿈 해석에서 이 방식을 사용하는 것은 의식적 지향이 꿈의 상징적 메시지를 고려해 수정될 수 있는지에 관한 이해를 목표로 한다. 이는 정신이 자기 조직적 체계라는 융의 믿음과 일치한다.

신경증을 다루는 데 있어서 융은, 전통적 정신분석의 환원적 접근 방식에 반대하지 않고, 건설적인 방법을 상호보완적이라고 생각했다.

> 우리는 환상, 픽션, 과장된 태도의 문제에서 주로 환원적 관점을 적용한다. 반면에 건설적인 관점은 의식적 태도가 다소 정상적이지만 발달과 개선의 여지가 있을 경우 또는 발달할 수 있는 무의식적 경향이 의식적 마음에 사로잡혀 오해받고 있는 경우에 고려되어야 한다.[37]

Counter-transference
역전이

특별한 경우의 투사로, 테라피 관계에서 분석가의 무의식적인 정서 반응을 설명하는 데 사용.

♦ **transference**(전이) 참조.

전이는 무의식적으로 자기 안에 있는 내용물을 투사하는 것으로, 이럴 때 분석가는 역전이로 반응한다. 특정 무의식적 내용을 자각하는 데 필요한 더 나은 친밀감rapport을 확립하고자 하는지의 여부에 따라 역전이는 내담자의 전이만큼이나 유용하고 의미 있으며, 때로는 장애물이 되기도 한다. 전이와 마찬가지로 역전이도 충동적이고 강제적으로 사로잡히는데, 이것이 대상과의 '신비적' 또는 무의식적 동일시를 일으키기 때문이다.[38]

작업 가능한 분석적 관계는 분석가가 내담자만큼 신경증적이 아니라는 가정에 입각한다. 장기간의 개인 분석은 분석가 수련 과정에 주요한 요구사항이지만 투사에 반한다는 보장은 없다.

분석가가 신경증이 없지만 평소보다 좀 더 무의식적인 내용을 다룬다면 이는 상호 무의식, 즉 역전이를 일으킨다. 이 현상은 정신분석의 중요한 직업적 위험 중 하나다. 이는 분석가와 환자 모두에게 심리적 감염을 초래하고 치료 과정을 중단하게 만든다. 이 상태에서 무의식적 동일시는 분석가 자신이 한 걸음도 더 나아가지 않고, 자신이 간 곳 이상으로 환자를 도울 수 없게 하는 원인이 된다.[39]

Crucifixtion
십자가 처형

갈등conflict과 **대극**opposites의 문제와 연관되는 원형적 모티프.

온전함의 여정에서 자신을 발견할 그 누구라도 십자가 처형의 의미를 담은 특유의 매달림을 피해 갈 수 없다. 자신을 넘어뜨리고 가로막던 '십자가'들에 끊임없이 부딪힐 것이기 때문이다. 첫째, 나이기를 바라지 않는 것(그림자), 둘째, 아직 내가 아닌 것(타자, '너'라는 자신의 실체), 셋째, 심리적 자아를 넘어서는 것(집단 무의식).[40]

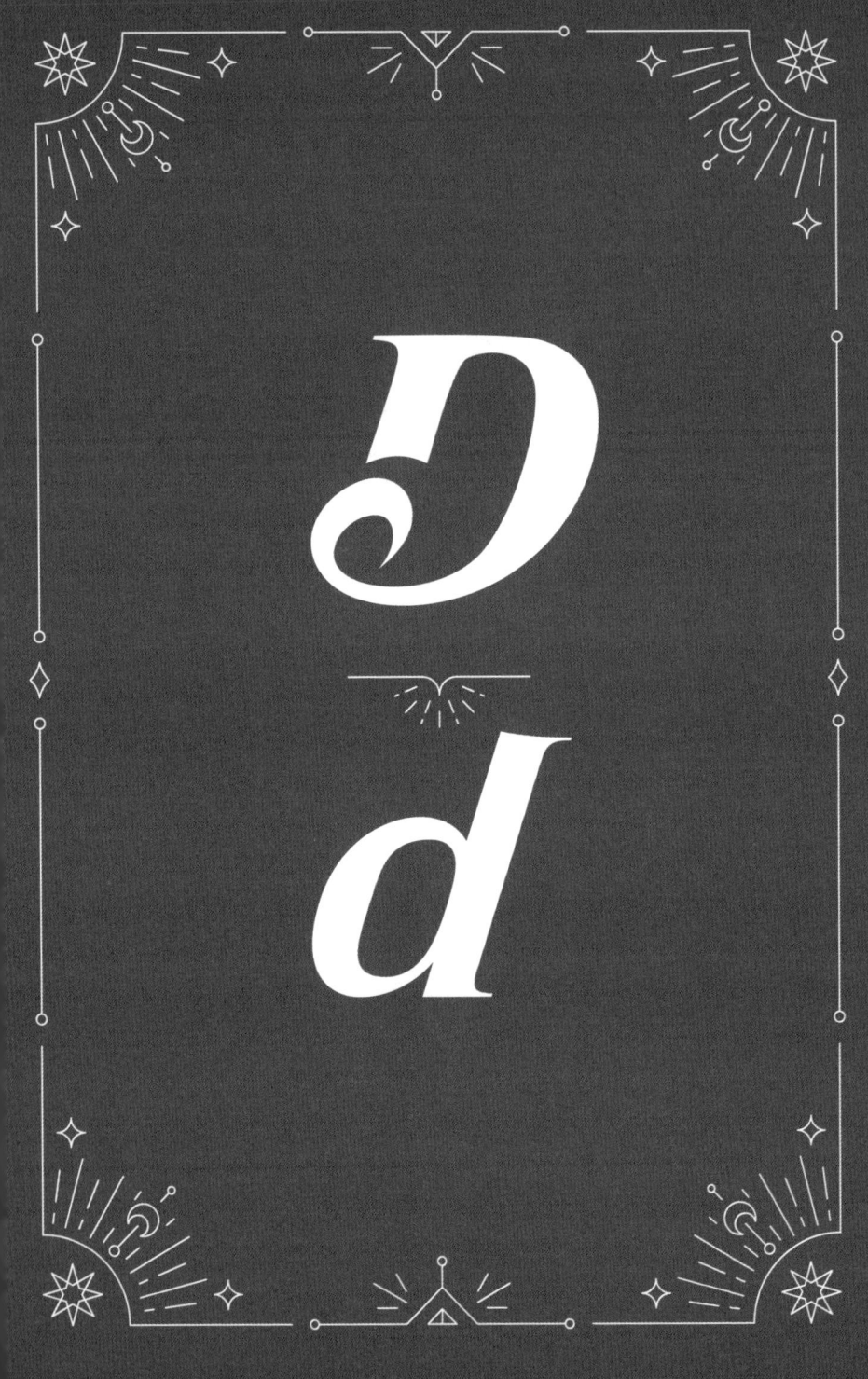

Depotentiate
힘을 약화시키다

무의식의 내용에서 의미를 동화하여 에너지를 약화하는 과정.

Depression
우울

에너지가 부족한 심리 상태.

◇ **abaissement du niveau mental** (정신 수준의 저하),
final (궁극적),
libido (리비도),
night sea journey (밤바다 여정),
regression (퇴행) 참조.

의식에서 사용할 수 없는 에너지는 단순히 사라지는 것이 아니다. 심리적 건강을 위해서 의식으로 가져와 조사해야 할 무의식의 내용물(판타지, 기억, 소망 등)을 퇴행시키고 자극한다.

> 그러므로 전적으로 효과를 발휘하려면 의식으로 가져올 내용을 무의식적으로 보상하는 것이 우울이라고 여겨야 한다. 이는 우울해지면서 의식적으로 퇴행하고 활성화된 기억을 마음에 통합해야만 가능한데, 바로 우울이 목표로 삼은 것이다.[1]

우울이 꼭 병리 현상으로 나타나는 것은 아니다. 종종 성격personality을 새롭게 하거나 창조적 활동이 분출하는 전조가 되기도 한다.

> 인간 삶에 새로운 장이 펼쳐지는 순간이 있다. 지금껏 주목받지 못했던 새로운 관심사와 경향이 등장하거나, 갑작스럽게 성격이 변하는(소위 성격의 돌연변이라는) 형태로 드러난다. 이런 '변화의 잠복

기' 동안, 우리는 종종 의식 에너지가 손실되는 일을 겪는다. 새로운 발달을 위해 필요한 에너지를 의식에서 끌어냈기 때문이다. 이런 에너지 저하는 대체로 특정 정신병이 발현하기 전이나 창조적 작업에 선행되는 텅빈 고요 the empty stillness에서 관찰된다.**2**

Differentiation   분화

전체로부터 부분을 분리하는 것으로, 심리적 기능에 대한 의식적접근을 위해 필요함.

이를테면 사고가 감정과 섞여 있다거나 감정이 사고와 섞여 있듯이, 특정 기능이 하나 이상의 다른 여러 기능과 혼재되면 독립적으로 작동할 수 없다. 이는 **고태적**archaic 상태, 즉 미분화된 상태다. 전체에서 특별한 부분으로 분리되지 않으며, 독립적으로 존재하지도 않는다. 미분화된 사고는 다른 기능과 구별되어 사고할 수 없고 끊임없이 감각, 감정, 직관과 혼재한다. 이는 미분화된 감정이 감각이나 판타지와 혼재하는 것과 마찬가지다.**3**

미분화된 기능은 모호한(모든 위치는 자체의 부정적인 것을 수반) 특징이 있다. 이는 이 기능을 사용하는 데 특유의 억제로 이어진다.

분화는 기능을 다른 기능과 분리하고, 해당 기능의 개별 부분을 서로 분리하는 것이다. 분화 없이는 방향direction을 설정할 수 없는데, 기능이 목표를 향해 나아가는 방향은 관련 없는 것들을 제거하는 데 달려 있기 때문이다. 관련 없는 것들이 혼재하면 방향 설정에 방해가 된다. 분화된 기능만이 방향을 향해 갈 **수 있다.⁴**

Dissociation
해리

성격을 구성 요소나 콤플렉스로 쪼개는 것. 신경증의 특징.

해리는 잘라내 버린다고 치유되지 않고, 좀 더 완전한 해체disintegration로 치유될 수 있다. 통합하려는 모든 힘들, 즉 자기 정체성에 대한 모든 건강한 욕구는 해체에 저항할 것이고, 이를 통해 내적 통합의 가능성을 의식으로 끌어올릴 것이다. 이전에는 늘 외부에서 추구했던 것들이다. 그 후, 이 사람은 나누어지지 않는 자기undivided self라는 보상을 찾아낼 것이다.⁵

신경증적 붕괴breakdown 분석의 목표는 의식적 자아가 스스로 만들어 낸 콤플렉스를 자각하게 하는 것이다. 이는 환원적 분석과 적극적 명상의 과정에서 콤플렉스를 객관화하면서도 이뤄진다.

정신에서 떨어져 나간 부분split-off과의 모든 소통은 치료적 효과가 있다. 또 이 효과는 실제 원인을 발견하거나 단순히 추정하는 발견으로도 일어난다. 심지어 발견이 단순한 추정이나 판타지에 불과할지라도 분석가가 그것을 믿고 진지하게 이해하려 한다면 제안만으로도 치유 효과가 있다.[6]

Dreams   꿈

무의식의 독립적이고 자발적인 출현. 깨어 있는 상태에서 재현될 만큼만 의식적이고, 비자발적 심혼적 활동의 파편들.

꿈은 의도적이거나 자의적인 조작이 아니다. 꿈은 자연현상이며 꿈이 나타내고자 하는 것과 다를 바가 없다. 꿈은 속이거나 거짓말하지 않고, 왜곡하거나 위장하지 않는다…. 꿈은 변함없이 자아가 알지 못하고 이해하지 못하는 무언가를 표현하려고 애쓴다.[7]

상징적 형태로, 꿈은 무의식의 관점에서 현재의 정신 상황을 묘사한다.

대부분 꿈의 의미는 의식적 마음의 경향과는 일치하지 **않으나** 특별한 일탈을 보이기 때문에, 우리는 무의식인 꿈의 매트릭스가 독자적 기능을 지닌다고 추정해야 한다. 나는 이를 무의식의 자치권이라 부른다. 꿈은 우리 의지를 따르지 않을 뿐 아니라 매우 자주 우리 의식적인 의도에 노골적으로 반대한다.[8]

융은 꿈이 소망 충족wish-fulfillment, 수면 보존 sleep-preserving 기능(프로이트), 힘을 향한 유아기적 추구(아들러)를 드러내는 경우도 있음을 인정했다. 그러나 융은 상징적 내용과 인간 정신의 자기조절 측면에서 보상적인 역할에 초점을 두었다. 꿈은 평소에는 의식되지 않는 자신 안의 면모를 드러내고, 관계에 작동하는 무의식적 동기를 밝히며 갈등 상황에서 새로운 관점을 제시한다.

> 이와 관련해 세 가지 가능성이 있다. 첫째, 삶의 상황에서 의식적 태도가 상당히 편향적이라면 꿈은 반대 측면을 끄집어낸다. 둘째, 의식적 태도가 '중간'에서 꽤 가까운 입장이라면 꿈은 변주로 납득시킨다. 셋째, 의식적 태도가 '바르다면(적절하다면)', 꿈은 고유한 자율성을 잃지 않으면서도 이러한 경향과 일치시키며 메시지를 더욱 강조한다.[9]

융이 보기에 꿈은 내면의 드라마다.

> 전체 꿈 작업dream-work은 본질적으로 주관적이다. 또 꿈은 극장인데, 꿈꾼 사람이 바로 장면, 연기자, 프로듀서, 프롬프터, 작가, 대중, 비평가다.[10]

이 개념이 주관적 차원에서 꿈을 해석하게 한다. 꿈에 등장하는 이미지들은 꿈꾼 사람의 성격 요소를 상징적으로 대변하는 것으로 보인다. 객관

Dreams

꿈

적 차원에서 해석하면 이미지를 외부 세계의 사람들과 상황에 연결하는 것을 의미한다.

수많은 꿈은 고전극의 구조를 지닌다. 우선 상세한 **설명**^{expositon}(장소, 시간, 등장인물 등)이 있는데 이는 꿈 꾼 사람의 초기 상황을 보여준다. 두 번째 단계는 구성^{plot}의 발전^{development}(행위가 일어남)이 있다. 세 번째 단계는 절정이나 **클라이맥스**(결정적인 사건 발생)에 이른다. 마지막 단계는 **결말**^{lysis}인데, 꿈에서 한 행위에 대한 결과나 (만일 있다면) 해결책이다.

Ego   자아

의식의 장field에서 중심 콤플렉스.

◊ **self**(자기) 참조.

의식의 주체인 자아는 부분적으로는 유전된 성향(성격구성 요소)과 무의식적으로 얻어낸 인상, 그에 따른 현상으로 구성되는 콤플렉스 분량 complex quantity으로 존재한다.**1**

융은 자아-인격의 지식은 종종 자기 이해self-understanding와 혼동된다고 지적한다.

> 자아 의식을 지닌 사람이라면 당연히 자신을 알고 있다고 생각한다. 그러나 자아는 무의식과 그 내용이 아니라, 자신의 의식적인 내용만 안다. 사람들은 자신이 속한 사회 환경에서 보통 사람들이 자신에 대해 아는 정도로 자기 지식을 측정할 뿐, 진정한 심리적 사실로는 측정하지 않으며, 대부분 감춰져 있다. 이 점에서 정신은 마치 신체처럼 행동하는데, 일반인이 신체의 생리적, 해부학적 구조를 거의 알지 못하는 것과 다름없다.**2**

개성화 과정에서 최초의 과제는 개인 무의식의 콤플렉스, 특히 페르소나, 그림자, 아니마/아니무스 같은 콤플렉스로부터 자아를 분화시키는 것이다. 강한 자아는 이 콤플렉스들과 동일시되지 않고 무의식의 다른 내용과 객관적으로 관계 맺을 수 있다. 자아는 정신의 중심으로 자체를 경험하기 때문에, 특히 존재에 빚을 지고 정신에

Ego
자아

종속되는 자기^{the self}와의 동일시에 저항하기는 매우 어렵다.

> 움직이는 것과 움직이게 하는 자, 또는 객체와 주체의 관계처럼, 자아^{ego}와 자기^{the self}의 관계도 마찬가지다. 자아로 둘러싸인 자기로부터 결정적인 요인들이 흘러 나오기 때문에, 자기에 종속된다. 자기는 무의식처럼 **선험적** 존재이고 여기서 자아가 진화한다.[3]

자기와의 동일시는 두 가지 방식으로 드러날 수 있다. 첫째, **자기에 의한 자아의 동화**, 이 경우 자아는 무의식의 통제를 받는다. 둘째, **자아가 자기로 동화**되는 경우인데 이때는 지나치게 자아가 비대해져 있다. 두 경우 모두 결과적으로 적응에 장애가 되는 팽창^{inflation} 상태다.

> 첫 번째 경우는 현실이 고태적인 꿈 상태로부터 보호되어야 한다. 두 번째 경우는, 의식의 세계에 대가를 치르고 꿈을 위한 공간을 만들어야 한다. 첫 번째 경우에는 모든 효력^{virtue}을 동원해야 하고, 두 번째 경우에는 자아가 자만하지 못하도록 도덕적 패배가 필요하다.[4]

Emotion
　　　　　　　　　정서

적극적 콤플렉스로 인한 비자발적 반응.

◆ **affect**(정동) 참조.

한편 정서는 온기가 모든 것을 존재하게 하고 열기가 모든 잉여를 재로 태우는 **연금술적 불**<i>omnes superfluitates comburit</i>이다. 반면 정서는 강철이 부싯돌을 만나 스파크가 튀는 순간이며, 이는 정서가 의식의 주요 원천이기 때문이다. 정서 없이 어둠에서 빛으로, 또는 관성에서 운동으로 변할 수 없다.[5]

Empathy
　　　　　　　　감정이입, 공감

주관적 내용의 무의식적 투사에 기반한 대상의 내재화.

◆ **identification**(동일시)와 비교.

감정이입은 대상을 향한 신뢰나 믿음이라는 주관적 태도를 전제로 한다. 이는 대상을 부분적으로 만날 준비 상태인데, 주관적 동화^{assimilation}로 주체와 객체 사이를 잘 통하게 하거나 최소한 그렇게 보이도록 한다.[6]

내향성과 관련된 추상화와는 대조적으로, 공감은 외향적 태도에 해당한다.

> 공감하는 태도를 가진 사람은 생명과 영혼을 주는 세계에서 자신의 주관적 감정으로 자신을 발견한다. 이런 사람은 자신과 함께 세상에 생명력을 불어넣는다.[7]

Enantiodromia 전향

말 그대로 '반대로 달리는 것'인데 시간이 지나면서 무의식의 반대극이 나타나는 현상을 가리킴.

실질적으로 의식의 삶에서 언제나 극단적이고 편향된 경향이 두드러질 때 이 독특한 현상이 일어난다. 시간이 흐르면서 똑같이 강력한 대항마가 구축되어 이것이 먼저 의식적 수행을 억제하고 차후에 의식적 통제를 깨뜨린다.[8]

전향은 일반적으로 급성 신경증과 관련된 증상과 함께 겪으며, 때로 성격의 재탄생을 예고한다.

정신의 무의식적 삶이 구축되는 원대한 계획은 우리가 이해하기에는 너무 어려워서, 선을 낳기 위해 악이 필요할 수도 있고, 선이 악으로 이어질 수도 있다는 점을 우리는 절대 알 수가 없다.[9]

Energic 역동적인

◊ final(궁극적)을 참조.

Eros 에로스

그리스 신화에서 사랑의 의인화, 우주적 창세의 힘. 심리학적으로는 관계의 기능.

◊ **anima**(아니마), **animus**(아니무스), **logos**(로고스), **mother complex**(모성 콤플렉스)도 참조.

여성 의식의 특징은 로고스와 관련된 차별과 인식보다는 에로스와 더 많이 연결되어 나타난다. 남성에게 에로스는… 대개 로고스보다 덜 발달했다. 반면 여성에게 에로스는 진정한 본성의 표현이지만 로고스는 종종 유감스러운 일에 불과하다.[10]

에로스는 의심스러운 신이고 항상 그렇게 남을 것이다…. 한편 에로스는 태초의 동물적 본성에 속하는데, 인간이 동물의 몸을 지니는 한 지속될 것이다. 다른 한편 에로스는 가장 높은 형태의 영 spirit과 관련이 있다. 그러나 에로스는 영과 본능의 조화가 잘 이루어질 때만 번창한다.[11]

사랑이 지배하는 곳은 힘에 대한 의지가 없다. 그리고 힘에 대한 의지가 제일 중요한 곳에는 사랑이 결핍되어 있다. 하나는 다른 하나의 그림자일 뿐이다. 에로스의 입장을 취하는 사람은 힘에 대한 의지에서 자신의 보상적 대극을 발견하고, 힘에 강조점을 두는 사람에게 보상적 대극은 에로스다.[12]

무의식적 에로스는 항상 에로스 자체를 힘의 의지로 표출한다.[13]

Extraversion 외향성

에너지 움직임이 외부 세계로 향하는 심리적 지향성 모드.

◆ **introversion**(내향성) 참조.

외향성은 외부 대상에 대한 관심, 즉각 대응, 외부에서 일어나는 사건의 준비된 수용, 사건에 영향을 주고받으려는 욕구, 참여하고 '함께' 하려는 욕구, 유행을 아는 것, 모든 종류의 소란과 소음을 견뎌내며 실제로 이런 것들에서 즐거움을 찾는 능력, 주변 세상에 대한 끊임없는 관심, 고르지 않게 만나는 친구나 지인의 관계, 마지막으로 자

Extraversion 외향성

신을 단절하는 인물에 대한 엄청난 애착이 특징이다.[14]

융은 내향성과 외향성은 모든 사람에게 나타나지만 한 가지 태도 유형이 일관되게 우세하다고 생각한다. 판단, 지각, 영향, 행위를 위한 주동력이 외부 요인일 때, 우리는 외향적 태도 또는 유형이라 한다.

> 외향성을 지닌 사람의 삶의 철학과 윤리는 대체로 이타주의가 강하게 나타나는 고도로 집단적인 성향의 규칙을 따르며, 그의 의식은 여론에 크게 의존한다.[15]

융은 유형 분화가 아주 어릴 때 시작된다고 믿었기 때문에 타고난 것으로 보았다.

> 어린이에게서 발견되는 외향성의 최초 징후는 환경에 빠르게 적응하는 것이고, 사물을 향한 비범한 관심, 특히 아이가 사물에 미치는 영향에 대한 관심이다. 사물에 대한 두려움은 미미하며 자신감을 갖고 사물 사이에서 살고 활동한다…. 그러므로 사물과 자유롭게 놀고 사물을 통해 배운다. 이 아이는 자신의 일을 극단으로 끌고 가는 것을 좋아하고 위험에 자주 노출된다. 미지의 세계에

있는 모든 것이 이 아이들에게 매력적이다.[16]

일반적으로 외향성은 외부세계에서 받은 것을 신뢰하고 개인적 동인을 탐색하는 일을 드물다.

> 그는 비밀이 없다. 타인들과 공유한 지 얼마 지나지 않아 비밀을 털어놓는다. 그런데도 말할 수 없는 일이 자신에게 생긴다면 그 내용을 잊어버리고 싶어한다. 낙관주의와 긍정주의의 전진을 방해할 수 있는 것은 전부 피한다. 생각하고 의도하고 행동하는 것이 무엇이든, 확신과 따뜻함으로 표현된다.[17]

모두가 객관적인 데이터에 영향을 받지만, 외향적인 사람의 사고, 결정, 행위는 스스로 결정한다. 개인의 견해와 내적인 삶은 외적 조건들에 이어 2순위가 된다.

> 그는 다른 사람들 사이에서 살고 있으며, 모든 내면 소통은 그를 소름 돋게 한다. 그곳에는 소음으로 익사하는 것이 차라리 더 나을지 모르는 위험이 도사리고 있다. 만일 이 사람이 '콤플렉스'라는 것을 가진다면 그는 사회적 소용돌이 속에서 피난처를 찾아, 하루에도 몇 번씩 모든 것이 제자리에 있다는 확신을 갖는다.[18]

Extraversion
외향성

극단적 외향 유형의 심리 상태는 대개 환경에 반응하는데, 이것이 개인적인 견해를 결정한다. 변화가 더 많을수록, 이 사람은 자신의 견해와 행동 패턴이 일치하도록 조절한다. 이는 강점이기도 하고 한계이기도 하다.

> 조절은 적응이 아니다. 적응은… 시공간의 즉각적인 조건보다 좀 더 보편적인 법칙을 지켜야 한다. 정상적 외향 유형을 조절하는 것이 한계다. 기존 조건에 상대적으로 쉽게 적응하는 능력 덕분에 그는 정상성을 얻어냈다. 요구사항은 객관적으로 실현 가능한 것으로 제한된다. 예를 들어 특정한 순간에 밝은 전망을 제시하는 경향 때문에 그는 자신에게 요구되거나 기대되는 일을 하고, 완전히 자명하지 않거나 주변 사람들의 기대를 벗어나는 혁신적인 일은 모두 멀리한다.[19]

외향성은 사회적 상황과 외부 환경을 고려하면 자산이다. 그러나 지나치게 외향성 있는 태도는 자신이 보기에 객관적인 요구, 예를 들어 타인의 요구나 사업을 확장하는 요구를 충족시키기 위해 희생을 초래할 수 있다.

> 이것이 외향성의 위험이다. 그는 대상에 빨려 들어가 그 안에서 자신을 완전히 상실한다. 그 결과 기

능적 장애가 나타나는데, 신경증이나 육체적 증상으로 나타난다. 이 증상들이 이 사람을 무의식적 절제로 내몰며 보상하려 하기 때문이다. 증상이 기능적이라면 그 독특함으로 인해 자신의 심리적 상황을 상징적으로 드러낼 수 있다. 예를 들어 갑자기 너무 많은 에너지를 쓰도록 유혹할 정도로 갑작스레 유명세를 탄 가수가 갑자기 고음을 낼 수 없게 된다. …또는 평범하게 출발한 사람이 사회적으로 빠르게 큰 영향력을 갖게 되면서 밝은 전망을 얻었지만, 갑자기 고산병 증상에 시달리게 되는 경우도 있다.[20]

외향을 괴롭힐 가능성이 가장 높은 신경증 형태는 히스테리아로, 일반적으로는 주변에 있는 사람들과 확연한 동일시를 보여준다.

외향적인 사람들이 외부 환경을 위해 내적 현실을 희생하는 경향은 외향화가 지나치게 극단적이지 않은 한 문제를 일으키지 않는다. 그러나 어느 정도는 편향성을 보상할 필요가 있어, 무의식에 자기중심적인 경향이 뚜렷이 나타날 것이다. 의식적인 태도로 인해 생겨난 숨막히고 억압된 욕구는 전부 자기중심의 유아기적 생각과 감정의 형태로 뒷문으로 들어온다.

Extraversion
외향성

외향성의 의식적 태도가 더 견고해질수록 무의식적 태도는 훨씬 더 유아적이고 고태적으로 바뀐다. 외향성의 무의식적 태도를 특징짓는 이기심은 그저 유치한 차원을 훨씬 넘어, 무자비하고 잔인한 방향으로 나아간다.[21]

그렇다면 누가 봐도 이타적이고 습관적으로 맞춰진 외향적인 사람은 외부 세계와 타인의 요구에 갑자기 매우 무관심해질 수 있는 위험이 도사리고 있다.

Fantasy
판타지

심혼적 에너지의 흐름을 표현하는 아이디어들의 콤플렉스나 상상적인 활동.

◊ **active imagination** (적극적 명상) 참조.

환상fantasy은 원인과 목적 모든 측면에서 이해되어야 한다. 인과적으로 해석하면 이는 생리적 상태의 **증상**이자, 이전 사건의 결과로 보인다. 목적적으로 해석하면 이는 **상징**처럼 보이며, 상징은 주어진 자료로 특정 목표를 정하거나 미래의 심리적 발달을 추적한다.[1]

융은 **능동적**active 판타지와 **수동적**passive 판타지를 구별한다. 전자는 창조적 정신의 특징이며 무의식의 내용을 지각하기 위해 직관적 태도로 불러내는 것이다. 후자는 무의식의 콤플렉스가 자발적spontaneous이고 자율적autonomous으로 표현하는 것이다.

그러므로 수동적 판타지는 언제나 의식적으로 **비판**할 필요가 있는데, 그렇지 않으면 단지 무의식적 반대 입장을 강화할 위험성이 있다. 반면 능동적 판타지는 의식이 무의식에 반대하지 않는 태도에서 비롯된다. 또한 무의식 과정 역시 의식을 반대하는 것이 아니라 단지 보상하는 역할을 한다. 따라서 능동적 판타지는 비판보다는 **이해** understanding가 더 필요하다.[2]

융은 판타지의 의미를 동화하는 방식으로 적극적 명상을 개발했다. 중요한 것은 판타지를 해석하는 것이 아니라 체험하는 것이다.

> 무의식의 판타지를 지속적이고 의식적으로 자각하고 판타지 사건에 적극 참여함으로… 첫째, 수많은 무의식적 내용을 포함하기에 의식적 지평을 확장하는 효과를 지닌다. 둘째, 무의식의 지배적인 영향을 점차 격감시킨다. 셋째, 개성의 변화를 가져온다.**³**

Father Complex
부성 콤플렉스,
아버지 콤플렉스

아버지의 경험과 이미지에 연관된 감정이 실린 아이디어 집합.

◆ **logos**(로고스) 참조.

> 남성에게 긍정적인 부성 콤플렉스는 권위와 뚜렷한 의지를 만들어 내는 경우가 많아서 모든 영성적 도그마와 가치 앞에 고개를 숙인다. 반면 여성에게 긍정적인 부성 콤플렉스는 가장 생동감 있는 영성적 영감과 흥미를 유도해 낸다. 꿈에서 항상 아버지 인물로부터 결정적 신념, 금지, 현명한 조언이 쏟아진다.**⁴**

부성 콤플렉스에 대한 융의 언급은 다른 주제에 관한 글쓰기와 거의 다를 바 없다. 일반적으로 남성에게 부성 콤플렉스는 (동일시를 통해) 페르소나와 그림자 측면으로 나타난다. 여성에게 부성 콤플렉스는 아니무스의 특질로 나타나는데, 이는 자기 아버지의 아니마 투사로 채색된다.

아버지는 딸의 마음과 영, 특히 딸의 '로고스'에 영향을 미친다. 이는 아버지가 딸의 지성을 높이는 방식으로 일어나는데, 종종 나의 후기 저작에서 "아니무스 포제션"으로 묘사한 병리학적 단계까지 나아간다.[5]

아버지는 아니무스 이미지의 첫 번째 운반자carrier다. 아버지는 이 가상 이미지에 실체와 형상을 부여하는데, 로고스 덕분에 딸을 위한 '영spirit'의 원천이 된다. 불행하게도 이 원천은, 종종 우리가 깨끗한 물을 기대하는 곳에서 자주 오염된다. 여성에게 이로운 영은 단순히 지성뿐 아니라 그 이상의 역할을 하는데, 이는 남성이 살아가는 태도다. 심지어 자연, 즉 동물적 남성을 적절하게 다루는 법을 이해하지 못한다면 소위 '이상적인' 영이 언제나 최선은 아니다. …그러므로 모든 아버지는 딸의 본성을 망가뜨릴 기회가 언제든 주어지며, 교육자, 남편, 정신과 의사는 결과에 직면해야 한다. "아버지가 망친 것"[6]은 오직 아버지에 의해서만 회복될 수 있다.[7]

Feeling
감정

어떤 대상이나 인물이 가치가 있다는 것을 평가하거나 판단하는 심리적 기능.
♦ **thinking**(사고)와 비교.

감정은 아이디어의 존재만큼이나 부정할 수 없는 현실이다.[8]

감정기능은 "싸우느냐 도망치느냐fight or flight"를 결정하는 토대가 된다. 주관적 과정으로 외부 자극에 매우 독립적일 수 있다. 융이 보기에 감정기능은 사고thinking기능처럼 이성적 기능인데, (감각과 직관 기능처럼) 지각perception이 아니라 성찰reflection에 의해 결정적으로 영향을 받는다는 점에서 그렇다.

일상에서 감정feeling은 종종 정서emotion와 혼동되지만, 후자는 정동affect이라 부르는 게 더 적절하며, 활성화된 콤플렉스의 결과다. 정동에 오염되지 않은 감정은 꽤 냉정하다.

> 감정은 정동과 구별되는데, 감지될 만한 신체적 신경 자극을 일으키지 않기 때문이다. 즉 감정은 일반적인 사고 과정과 크게 다를 바 없다.[9]

Feminine
여성성

♦ **anima**(아니마),
eros(에로스),
logos(로고스) 참조.

Final 궁극성

인과적 접근에 보완적인 것으로, 심리적 활동의 잠재적 결과나 목적을 토대로 하는 관점.

◆ **constructive**(건설적인), **neurosis**(신경증), **reductive**(환원적), **self-regulation of the psyche**(정신의 자기 조절) 참조.

심리적 데이터에는 **인과성**_causality_과 **궁극성**_finality_이라는 두 가지 관점이 필요하다. 나는 궁극성이라는 단어를 의도적으로 사용하는데, 목적론_teleology_ 개념과 혼동을 피하기 위해서다.**10** 여기서 궁극성이란 단순히 목표를 향한 심리적 노력이라는 뜻으로 사용한다. 목표를 향한 노력 대신 '목적의식_sense of purpose_'이라 말할 수도 있다. 모든 심리적 현상은 이런 목적의식이 어느 정도 내재해 있는데, 심지어 정서적 반응 같은 단순한 반응 현상조차도 그렇다.**11**

융은 또 기계론이나 환원론과는 대조적으로, 최종 관점을 역동적_energetic_이라 불렀다.

기계론적 관점은 순전히 인과적이다. 이는 고정된 법칙에 따라 변하지 않는 물질이 서로의 관계를 바꾼다는 점에서, 사건을 원인의 결과로 본다. 반면, 역동적 관점에서는 본질적으로 궁극적_final_이다. 사건은 어떤 형태의 에너지가 현상의 변화를 뒷받침하고, 이러한 변화가 일어나는 동안 자신을 일정하게 유지하며 결국 일반 평형 상태인 엔트로피로 이어진다는 가정에 따라 인과를 추적한다. 에너지의 흐름은 확실한 방향(목표)이 있으며 그 안에서 되돌릴 수 없는 방식으로 잠재력의 기울기_gradient of potential_를 따른다.**12**

Final
궁극성

융은 에너지의 보존을 관장하는 물리적 법칙이 정신에도 똑같이 적용된다고 믿었다. 심리적으로 한 곳에 에너지가 과잉되어 있다면, 다른 심리적 기능은 부족하다는 뜻이다. 반대로 리비도가 '사라지면disappear' 우울증에 시달리듯이, 다른 형태의 증상으로도 드러나야 한다.

> 쉼 없이 떠들거나, 병적인 신념이나, 극단적인 태도를 지닌 사람을 만날 때마다 우리는 과한 리비도임을 알아채며, 이 과잉은 틀림없이 다른 곳에서 가져온 것임을 알 수 있다. 이 때문에 다른 부분에서는 리비도가 부족해진다…. 따라서 신경증의 증상은 리비도를 지나치게 투자한 결과 나타난 과장된 기능이라 간주해야 한다….
> 리비도 결핍으로 특징되는 일련의 증상들의 경우, 이를테면 무기력 상태 같은 경우에는 질문을 뒤집어야 한다. 즉 "리비도가 어디로 가는가?"하고 말이다. …리비도는 존재하지만 눈에 보이지 않고 환자 자신에게도 접근할 수 없다…. 정신분석의 과제는 리비도가 있는 숨겨진 장소를 찾아내는 것이다….[13]

역동적 또는 궁극적 관점은 보상의 개념과 쌍을 이루어, 융은 신경증의 발병은 본질적으로 정신이 스스로 치료하려는 시도라고 믿게 됐다.

Fourth Function
네 번째 기능

◊ **inferior function**
(열등기능) 참조.

Function
기능

다양한 상황에서도 같은 원칙이 유지되는 심리적 활동의 형태 또는 리비도의 표현.

◊ **auxiliary function**(보조기능), **differentiation**(분화), **inferior function**(열등기능), **primary function**(주기능), **typology**(유형학) 참조.

융의 유형학 모델은 사고, 감정, 감각, 직관이라는 네 가지 심리적 기능으로 구분된다.

> 감각은 실질적으로 나타나는 것을 확립하고, 사고는 그 의미를 인식할 수 있게 하고, 감정은 그 가치를 알려준다. 그리고 직관은 주어진 상황에서 그것이 어디에서 왔는지, 어디로 가고 있는지에 대한 가능성을 가리킨다.[14]

모든 정신에는 모든 기능이 존재하지만, 한 기능이 다른 기능보다 일관되게 좀 더 의식적으로 발달해서 종종 신경증으로 이어지는 편향성을 낳는다.

> 한 기능과 동일시하면 할수록 [이 사람은] 리비도를 이쪽에 더 많이 사용하고, 다른 기능에서는 리비도를 더 많이 철회한다. 이 기능은 장기간 리비도의 결핍 상황을 견딜 수는 있으나 결국에는 반응할 것이다. 리비도가 말라버려 이 기능이 점차 의식의 경계 아래로 가라앉고 연관성을 잃어,

Function	
	기능

마침내 무의식에 빠진다. 이는 퇴행적 발달이다. 유아기로 회귀하며 결국 고태적 단계로 돌아간다…. 이는 인격의 해리를 초래한다.[15]

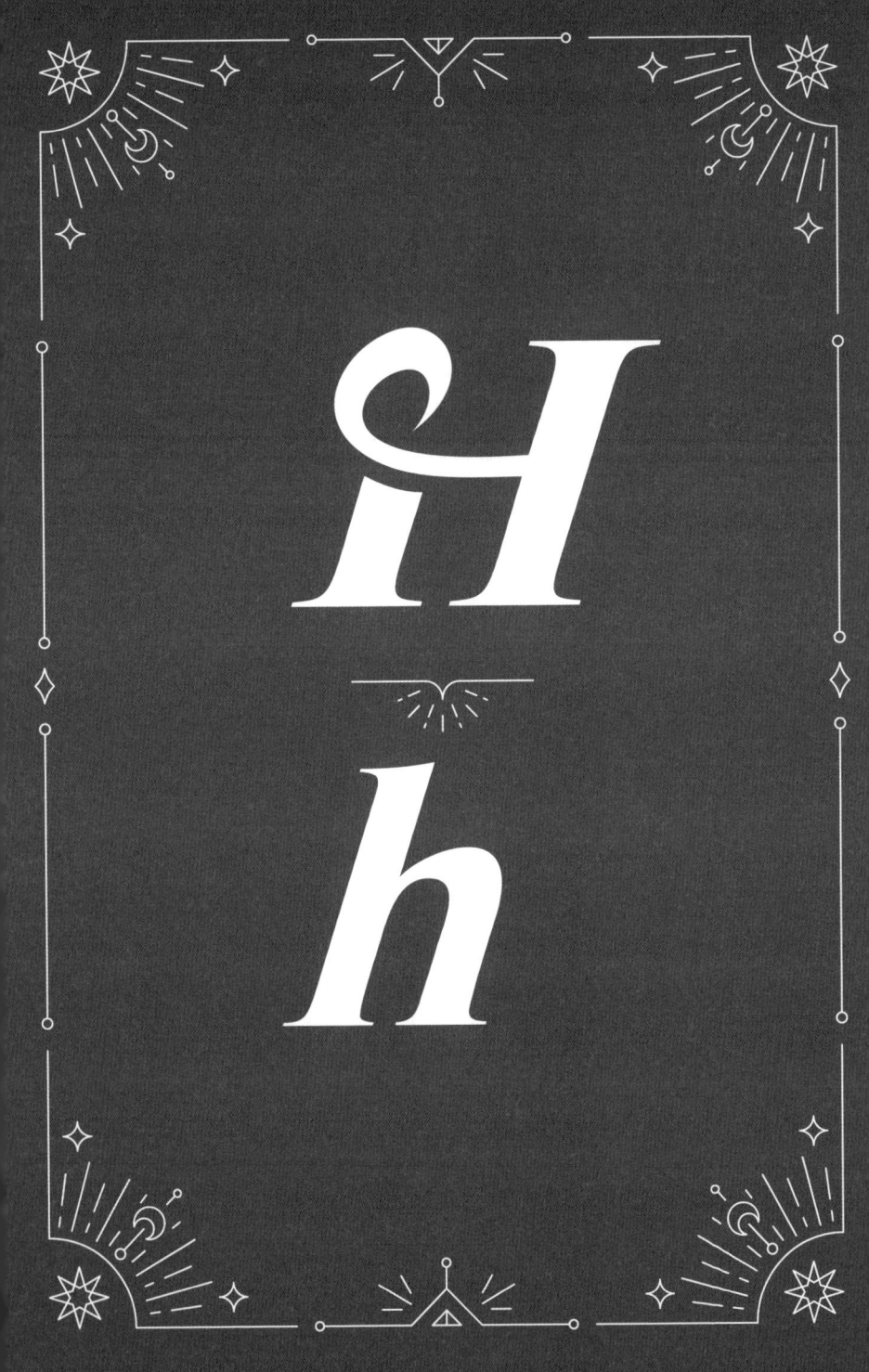

Hero

영웅

장애물을 극복하고 특정 목표를 성취하는 데 기반한 원형적 모티프.

영웅의 핵심 업적은 어둠 속 괴물을 극복하는 것이다. 이는 무의식에 대해 오래 희망하고 기대하던 의식의 승리다.[1]

영웅 신화는 플라톤의 동굴 우화에서 일어나는 일처럼 투사에 의해서만 드러나는 무의식의 드라마다.[2]

영웅은 **무의식적 자기**^{unconscious self}를 상징하고, 이는 경험적으로 모든 원형의 총합으로 자체를 드러낸다. 따라서 아버지 원형archetype of the father과 **노현자**^{the wise old man} 원형을 포함한다. 이 점에서 영웅은 자신의 아버지이자 자신을 낳은 자다.[3]

신화의 세계에서 영웅의 목표는 보물, 공주, 반지, 황금알, 생명의 영약 등을 찾는 것이다. 이것들은 심리적으로 자신의 진실한 감정과 고유한 잠재력에 관한 은유다. 개성화 과정에서 영웅의 임무는 무의식적 내용에 압도당하는 것이 아니라, 이 내용을 동화하는 것이다. 잠재적 결과는 무의식의 콤플렉스에 묶여 있던 에너지를 해소하는 것이다.

신화에서 영웅은 용에게 잡아 먹히는 자가 아니라 용을 무찌르는 자다. 하지만 양쪽 다 같은 용을

Hero

영웅

상대해야 한다. 또한 용을 한 번도 만난 적이 없거나, 과거에 보았어도 나중에 아무것도 본 적이 없다고 선언하는 사람은 영웅이 아니다. 마찬가지로 용과 싸울 위험을 감수하고도 쓰러지지 않은 자만이 "얻기 힘든 보물"을 손에 넣는다. 그는 자신의 내면 깊숙한 어둠에 직면함으로써 진정한 자신을 찾았다. 그 결과 자신에 대한 확고한 자신감을 얻어냈다. 그리고 그는 이 경험을 통해, 다가올 모든 위협을 극복할 수 있을 것이라는 확신을 가지게 됐다.[4]

영웅의 여정은 도식에서 시사하듯, 둥글다.[5]

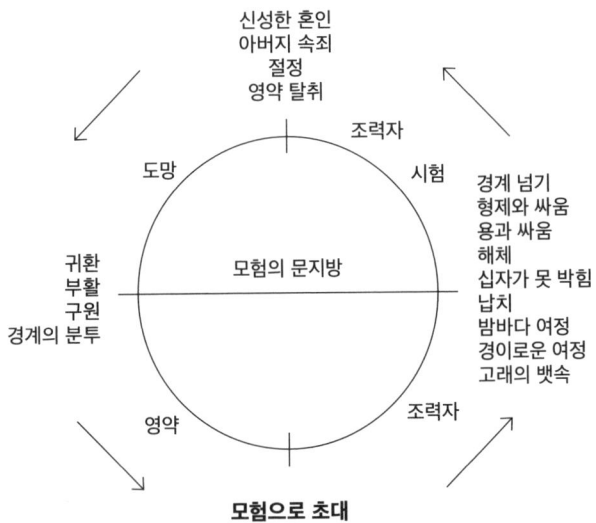

신화와 전설에서 영웅은 전형적으로 배로 항해하여 바다 괴물과 싸우고, 삼켜지고, 물리거나 죽지 않으려 분투한다. 또 요나처럼 고래의 뱃속에 도착한 뒤 중요한 장기를 찾아 잘라내 탈출에 성공한다. 결국 그는 출발한 곳으로 되돌아가 이 여정을 증언해야 한다.

개성화 측면에서 고래와 용은 어머니이거나 어머니와 연결된 아니마를 상징한다. 잘라내야 할 중요한 장기는 탯줄이다.

> 영웅은 이상적인 남성 유형이다. 생명의 원천 어머니를 떠나 어머니를 나중에 다시 찾으려 하고, 자궁으로 회귀하려는 무의식적 욕망에 시달린다. 탐험의 여정에 일어나 상승을 방해하는 모든 장애물은, 끔찍한 어머니의 그림자 옷을 입고 은밀한 의심과 회고적 그리움의 독으로 영웅의 힘을 빨아먹는다.[6]

여성의 심리에서 영웅의 여정은 아니무스의 세속적 위업이나 남성 파트너의 투사를 통해 이루어진다.

Homosexuality
동성애

대체로 심리적으로 아니마 동일시로 특징지어짐.

◊ **mother complex**
(모성 콤플렉스) 참조.

융은 동성애의 잠재적 신경증의 증상을 인지했으나 그 자체로 질병으로 보지는 않았다.

> 이 현상이 빈번히 인지되었다는 면에서, 병리학적 도착으로 이해하는 것은 매우 의심스럽다. 심리학적 발견에 따르면, (동성애는) 양성애적hermaphroditic 원형으로부터 불완전한 분리가 일어난 것이며, 한쪽의 성적 존재 역할과 동일시하는 데 강렬히 저항하는 것으로 보인다. 인간의 원형Original Man을 보존하는 데 있어 이런 성향은, 한쪽 성의 존재 one-sided sexual being를 어느 정도 상실하게 되므로 모든 환경에서 부정적으로 판단해서는 안 된다.[7]

Hostile Brothers
적대적인 형제들

갈등 상황에 포진된 대극과 연관된 원형적 모티프.

신화학에서 적대적인 형제 모티프의 예를 찾자면 《길가메시 서사시》에서 길가메시와 엔키두 사이의 투쟁, 《성경》에 등장하는 카인과 아벨 사이의 분투가 있다. 이를 심리적으로 말하자면 자아와 그림자 사이의 줄다리기라 해석된다.

Hysteria
히스테리아

주변 환경에 대한 과장된 친밀감과 모방에 해당하는 환경에 적응하는 심리 상태.

내가 보기에 히스테리아는 외향형에서 단연코 가장 빈번하게 등장하는 신경증이다…. 끊임없이 자신을 타인에게 흥미롭게 만들고 강한 인상을 남기려는 경향이 히스테리아의 기본 특질이다. 이런 특질은 필연적으로 타인의 암시를 받아들여 자기 의견이나 태도에 반영하는 성질proverbial suggestiblilty, 즉 타인의 영향을 받는 성향이라는 결과를 낳는다. 외향형 히스테리아의 또 다른 분명한 신호는 야단스러움이다. 경우에 따라서는 판타지의 영역으로 넘어가 '히스테리적 거짓말hysterical lie'로 비난받는다.[8]

히스테리아 신경증은 대체로 무의식으로부터 보상작용을 수반한다.

이러한 과장된 외향성은 리비도를 강제로 내향성으로 변하게 만드는 신체적 증상을 통해 중화된다. 무의식 반응은 이보다 훨씬 내향적 성격이 지니는 다른 종류의 증상을 유발하는데, 전형적인 증상 중 하나가 판타지 활동을 병리적으로 강화하는 것이다.[9]

Identification
동일시

성격이 부분적으로 또는 전적으로 분리dissimilate되는 심리적 과정.

♦ **participation mystique**(신비적 참여), **projection**(투사) 참조.

주체와 객체, 자신과 타인 사이의 무의식적 순응을 뜻하는 정체성은 동일시, 투사 및 내향성의 토대가 된다.

정체성은 한 사람의 심리가 다른 사람의 심리와 유사하다는 순진한 가정을 낳고, 이 같은 동기는 어디에나 등장한다. 내가 기분 좋으면 당연히 다른 사람도 기분이 좋고, 내가 비도덕적이라고 생각하면 다른 사람도 비도덕적이라고 여길 것이라고 생각하는 등의 순진한 가정 말이다. 가장 필요한 것은 자기를 교정하는 일인데 타인을 교정하려 드는, 거의 보편적 욕구의 원인 또한 여기에 있다.[1]

동일시는 초기에 외부 세계에 적응하는 데 도움이 되지만 이후에는 개인의 발달에 방해가 된다.

예를 들어 아버지와의 동일시는 마치 아들이 아버지와 분리된 인격이 아니라 똑같은 존재인 것처럼, 실질적으로 아버지의 모든 행동방식대로 따르기를 택한다는 뜻이다. 동일시는 **무의식적** 모방인 반면, **모방**imitation은 의식적인 '따라하기'다…. 동일시는 개인이 자신의 길을 갈 수 없을 때 유익할 수 있다. 그러나 더 나은 가능성이 나타나면, 이전에 도움이나 지원을 받은 만큼이나 큰 장애물이 되어 병적인 특질을 보인다. 동일시는 해리 효

Identification
동일시

과를 일으켜, 개인을 서로 낯선 두 인격으로 분리시킨다.[2]

콤플렉스(포제션으로 경험됨)와의 동일시는 신경증의 주원인이다. 그런데 특별한 아이디어나 신념과 동일시하는 현상도 일어날 수 있다.

> 자아는 대극 중 하나와 동일시하지 않고 두 대극 사이에 균형을 유지할 수 있을 때 통합성을 지닌다. 이는 양측 모두 의식할 수 있을 때만 가능하다. 그러나 이러한 통찰은 사회적, 정치적 리더뿐 아니라 종교적 멘토조차도 극히 어렵다. 이들은 전부 한 가지를 선택하기를 요구하고, 그러므로 개인이 필연적으로 편향된 '진리'와 완전한 동일시를 원한다. 심지어 위대한 진리에 대한 물음이라고 할지라도 그것과 동일시하는 것은 모든 영적 발전을 구속하기 때문에, 결국 비극에 이를 것이다.[3]

편향성은 대체로 특정한 의식적 태도와 동일시하면서 발생한다. 이로 인해 무의식의 균형을 이루는 힘과의 연결을 상실하는 결과를 초래할 수 있다.

> 이 같은 경우에 무의식은 대체로 폭력적 긴장, 노심초사, 통제 부족, 교만, 열등감, 기분 변화, 우

울, 분노 폭발 등의 방식으로 반응하며, 동시에 자기비판의 부족과 그로 인한 잘못된 판단, 실수, 착각을 수반한다. **4**

Image, primodial
이미지, 원시적인

◆ **archetype**(원형), **archetypal image** (원형 이미지) 참조.

Imago
이마고

사람이나 사물에 대한 객관적인 현실을 주관적 인식과 그 중요성으로부터 구별하기 위해서 사용하는 용어.

우리가 누군가에 대해 만드는 이미지는 상당 부분 주관적인 영향을 받는다. 그래서 실용 심리학에서는 한 사람의 이미지image나 **이마고**imago와 실제 존재 사이의 차이를 엄격하게 구별해야 한다. 극히 주관적인 기원으로 인해 **이마고**는 종종 대상 자체이기보다는 좀 더 주관적인 기능적 콤플렉스에 더 가깝다. 무의식적 산물의 분석 치료에서 **이마고**를 대상과 동일시하면 안 되며, 대상에 대한 주관적인 관계의 이미지로 간주하는 것이 훨씬 낫다. **5**

이마고는 개인 경험과 집단 무의식 속 원형 이미지가 결합된 산물이다. 다른 모든 것과 마찬가지로 무의식은 투사로 경험된다.

인간 의식의 장이 제한되면 될수록 그 사람이 만

나는 심혼적 내용(이마고)이 더 많아지며, 이들은 영의 형태로 나타나거나 살아 있는 사람들(마법사, 마녀 등)에 마법의 힘을 투사해, 이 능력으로 거의 외적인 출현quisi-external apparitions이 이뤄진다.**6**

Incest

근친상간

심리적으로 어린 시절과 청년 초기의 안정에 대한 퇴행적 갈망.

융은 꿈과 판타지에 등장하는 근친상간 이미지를 사실적이 아니라 상징적으로 해석했고, 이는 본능에 더 부합하려는 새로운 적응이 필요함을 나타낸다(이 내용은 정신분석적 견해와 근본적으로 달랐으며, 결국 프로이트와 결별을 초래했다).

아이가 어머니와 무의식적인 동일시 상태에 있는 한, 이 아이는 여전히 동물 정신animal psyhe을 지닌 존재이고 그만큼 무의식적이다. 의식 발달은 필연적으로 어머니로부터 분리될 뿐 아니라 부모와 가족 전반에서 분리되어, 무의식과 본능 세계로부터 상대적으로 멀어진다. 그렇더라도 잃어버린 세계에 대한 갈망은 지속되는데, 어려운 적응이 요구될 때마다 앞으로 나아가기보다는 익숙하고 안전했던 과거나 유아기로 되돌아가려는 충동을 자극해 퇴행하는 회피와 후퇴의 유혹이 생긴다. 그러면 근친상간 상징들이 터져 나오기 시작한다.**7**

온전함에 대한 욕구가 나타날 때마다 이는 근친

상간의 상징으로 자신을 위장하는 것으로 시작한다. 이는 남성이 자신의 내면에서 온전성을 찾지 않는 한, 남성의 가장 가까운 여성 상대, 즉 어머니, 오누이, 딸에게서 발견하게 되기 때문이다.[8]

Individual
개인, 개인의

집단적인 것과 구별되는 존재로 고유하며 타인과 다른 특성.
◊ **individuality**(개성) 참조.

개성*individuality*과 개인*individual*의 차이는 구별해야 한다. 개인individual은 한편으로는 고유함과 차별성의 원리로, 다른 한편으로는 개인이 속하는 사회의 타인들에 의해 결정된다. 개인은 사회 구조와 불가분하게 연결되어 있다.[9]

개인은 절대 집단에 합쳐질 수 없고 결코 집단과 동일시될 수 없다.[10]

공동체가 클수록, 그리고 큰 공동체에서 고유한 집단 요소의 총합이 개인에게 해로운 보수적 편견에 의존할수록, 개인은 도덕적이나 영적으로 더 많이 짓밟힌다. 그에 따라 사회의 도덕적, 영적 진보의 유일한 원천마저 질식해 버린다.[11]

개인의 입장은 집단 준거에 대립하는 것이 아니라 단지 다르게 지향될 뿐이다.

개인의 방식은 집단 준거에 직접적으로 대립할 수

Individual
    개인, 개인의

없으며, 집단 준거의 반대는 다른 준거가 될 수 있을 뿐, 반대 준거는 될 수 없기 때문이다. 그러나 개인의 방식은 본질적으로 결코 규범이 될 수 없습니다.[12]

융은 집단 내에 개인이 생존하려면 심리적 자기이해가 필요할 뿐 아니라, 개인적으로 더 숭고한 진실을 경험하는 것이 필요하다고 믿었다.

개인은 결코 자기 존재에 대한 진정한 정당성과 영적, 도덕적 자율성을 어디서도 찾을 수 없다. 외부 요인의 압도적인 영향력을 상대화할 수 있는 극단적인 원칙을 제외하고는 말이다. …이를 위해서는 내면의 초월적 경험의 증거가 필요하며, 이 경험만이 이 사람을 군중 속에서 필연적으로 사라지는 운명에서 자신을 지킬 수 있다.[13]

조직화된 대중에 대한 저항은 대중 자체만큼이나 자신의 개성이 잘 조직된 개인만이 실현할 수 있다.[14]

Individualism
개인주의

집단의 이익보다 개인의 이익이 우월하다는 믿음. **개성**individuality이나 **개성화**individuation와 혼동하지 말 것.

개인주의는 집단적인 고려와 의무보다는 의도적으로 어떤 특수성을 강조하고 부각시키는 것을 의미한다. 그러나 개성화individuation는 정확하게 인간의 집단적 특질을 좀 더 완전하고 더 많이 충족함을 뜻하는데, 개인의 독특함을 적절히 고려하는 것이 특수성을 부인하거나 억압할 때보다 훨씬 더 나은 사회적 성과를 이끌어내기 때문이다. …보편적 요인들은 항상 개인적 형태에서만 나타날 수 있으므로 이를 충분히 고려하면 개인에게도 영향을 미칠 것이다. 이는 어떤 것보다도 개인주의로는 뛰어넘을 수 없는 것들이다.[15]

Individuality
개성

한 사람을 다른 사람과 구별하는 특질이나 성격.

◊ **personality**(인격)도 참조.

개성은 모든 심리적 측면에서 개인의 특수성과 특이성을 의미한다. **집단적**이 아닌 모든 것은 개인적이며, 사실 개개인이 모인 무리가 아니라 한 개인에게만 해당하는 모든 것이다.[16]

심리적 개인 또는 개인의 개성은 **선험적** *a priori* 으로 무의식으로 존재하나, 각자의 특성에 대한 의식을 가질 때만 의식적으로 존재한다…. 개성을 의식으로 끌어올리기 위해, 즉 대상과의 동일시 상태에서 나오기 위해, 의식적 분화 또는 개성화 과정이 필요하다.[17]

미분화된 정신에서 개성화는 주관적으로 페르소나와 동일시되지만 실질적으로 자신의 내면적이고 인식되지 않는 측면에 사로잡히게 된다. 이런 경우에 자신의 개성은 투사를 통해 주로 다른 사람에게서 경험된다. 정신이 이 상황을 견딜 수 없게 된다면, 보상을 위해 적절한 이미지가 나타난다.

> 이것은 …종종 꿈에서 심리적 임신의 상징으로, 영웅 탄생의 원초적 이미지로 거슬러 올라간다. 태어날 아이는 개성을 의미하는데, 존재하기는 하지만 아직 의식하지 못하는 상태다.[18]

Individuation
개성화

심리적 분화differentiation의 과정으로 개인의 성격 발달을 목표로 함.

일반적으로 개별 존재가 형성되고 분화되는 과정이다. 특히 이는 일반적인 집단 심리와는 구별되는 존재로서, 심리적 개인이 발달하게 된다.[19]

개성화의 목적은 한편으로는 페르소나의 거짓된 포장에서, 다른 한편으로는 원시 이미지의 암묵적 힘에서 자기self를 벗겨내는 것일 따름이다.[20]

개성화는 온전성wholeness의 원형적 이상으로 알려진 과정인데, 결국 자아와 무의식 사이의 불가결한 관계에 달려 있다. 목표는 개인의 심리를 극복해 완전해지는 것이 아니라 친숙해지는 것이다. 따라서 개성화는 개인의 힘과 한계를 포함해 자신의 고유한 심리적 현실에 대해 점점 알아차리는 과정이며, 동시에 인간 전체에 대한 깊은 이해와 존중으로 이어지는 과정이기도 하다.

> 개인은 단일하거나 분리된 존재가 아니라, 존재 자체가 집단적 관계를 전제로 한다. 따라서 개성화 과정은 고립이 아니라 보다 강렬하고 광범위한 집단 관계로 이어져야 한다.[21]

> 개성화는 세상에서 그 사람을 고립시키는 것이 아니라 세상을 그 자체로 받아들이는 것이다.[22]

> 개성화는 두 가지 원칙적인 측면이 있다. 첫째, 내적이고 주관적인 통합 과정이며, 둘째, 객관적인 관계에서도 똑같이 필수적인 통합 과정이다. 때로는 하나가, 어떤 때는 다른 하나가 우세하지만, 둘 다 다른 하나 없이는 존재할 수 없다.[23]

그럼에도 개성화와 집단적 가치에 따라 살아가는 삶은 서로 다른 두 가지 운명이다. 융의 관점에서 이 둘은 죄책감으로 상호 연결되어 있다. 개인적인 길을 걷는 사람은 집단적 가치에서 어느 정도 멀어지지만, 그렇다고 본질적으로 집단적

Individuation
개성화

인 정신의 측면을 잃지는 않는다. 이러한 '이탈'을 완화하기 위해, 개인은 사회를 위해 가치 있는 무언가를 창조할 의무가 있다.

> 개성화는 개인적 순응을 단절하고, 이 때문에 집단성에서도 분리된다. 이것이 개인 individuant이 세상을 등지는 죄책감이자, 그가 되찾기 위해 노력해야 할 죄책감이다. 그는 자신의 자리에 몸값을 지불해야 하는데, 즉 집단적 개인 영역collective personal sphere에서 자신의 부재를 대체할 수 있는 가치를 제시해야 한다. 이 가치의 생산 없이는 최종 개성화는 부도덕하고 그 이상의 자멸을 초래한다….
> 개인은 어떤 형태의 존중이나 인정도 **선험적**으로 주장할 권리가 없다. 개인은 자신이 창조한 가치 덕분에 외부에서 자신에게 쏟아지는 존중이 무엇이든 만족해야 한다. 사회는 개인을 평가할 권리를 가질 뿐만 아니라 이에 상응하는 가치를 창출하지 못할 경우 이를 비판할 의무도 있다.**24**

개성화는 개인주의와 차이가 있는데, 전자는 집단적 준거에서 벗어나더라도 존중하는 반면, 후자는 집단적 준거를 전적으로 배척한다는 점에서 그렇다.

집단적인 준거norm와의 진정한 갈등은 개인의 방식이 준거로 제기될 때만 일어나는데, 이는 극단적 개인주의individualism의 실질적 목표다. 그러나 본질적으로 이 목표는 병리적이고 삶에 해롭다. 따라서 이는 개성화와는 무관하다. 개성화는 개인적 우회로로 빠져나갈 수는 있지만, 바로 그 점 때문에 사회에 대한 방향 설정과 필수적인 관계 설정을 위해 준거가 필요하다. 따라서 개성화는 집단적 준거에 대해 자연스러운 존중으로 이어진다.[25]

개성화 과정을 의식적으로 추구할 때 자아ego를 초월하는 심리적 실체로 자기the self에 대해 알아차리게 된다. 그러므로 개성화는 단순히 의식을 확장하는 과정과는 본질적으로 다르다.

개성화 과정의 목표는 자기를 통합synthesis하는 것이다.[26]

나는 개성화 과정이 자아가 의식으로 들어오는 것과 혼동되어, 결과적으로 자아가 자기self와 동일시되며 필연적으로 절망적인 개념적 혼란을 초래한다는 점에 주목한다. 이렇게 되면 개성화는 자아 중심ego-centeredness이며 자기성애autoeroticism일 뿐이다. 그러나 오래전 상징이 드러내 보여주었듯이, 자기the self는 자아를 넘는 범위

를 무한히 포함한다. 이는 자아가 그렇듯, 자신의 존재이기도 하고, 다른 모든 존재이기도 하다.**27**

융이 보기에는 누구도 완전히 개성화가 되지는 않는다. 목표는 온전성wholenesss이고 자기와 건강한 관계를 형성하는 것이지만, 개성화의 진정한 가치는 그 과정에서 일어나는 일에 있다.

목표는 하나의 개념으로서 중요하며, 본질적인 것은 목표로 이끄는 **작업**opus 이다. **이는** 곧 평생의 과업이다.**28**

Inferior Function
열등기능

네 가지 심리적 기능 중 가장 덜 분화된 기능.

◊ **primary function**
  (주기능)과 비교.

열등기능은 실질적으로 인간 성격의 어두운 측면과 동일시된다.**29**

융의 유형학에서, 열등기능 또는 네 번째 기능은 우월기능 또는 주기능과 반대다. 외향적 방식으로 작동하든 내향적 방식으로 작동하든, 이 기능은 자율적인 콤플렉스처럼 행동한다. 이 기능의 활성화되면 정동으로 표현되고 통합에 저항한다.

열등기능은 무엇보다도 은밀하고 장난스럽게 우월기능에 영향을 미치고, 이는 우월기능이 열등기

능을 억압하는 것과 마찬가지다.[30]

긍정적인 사건뿐만 아니라 부정적인 사건도 열등적인 역기능counter-function을 형성할 수 있다. 이런 일이 일어날 때 예민해진다. 예민함sensitiveness은 열등성이 존재한다는 확실한 신호다. 이는 두 사람 사이뿐만 아니라 우리 사이에서도 일어날 수 있으며 심리적 불화와 오해의 기반이 된다. 열등기능의 본질은 자율성autonomy이다. 이는 독립적이고, 공격하고, 매혹하며, 우리를 돌아서게 만들어spin 더 이상 우리 자신의 주인이 아니며, 우리 자신과 타인을 올바르게 구분할 수 없게 만든다.[31]

열등기능은 합리적이든 비합리적이든, 주기능과 같은 성격을 지닌다. 사고가 가장 발달했을 때, 다른 합리적 기능인 감정이 열등해진다. 감각이 우세하면 직관, 즉 다른 비합리적 기능이 네 번째 기능이 된다. 이는 일반적 경험과도 일치하는데, 사고형은 감정 가치 때문에 실수하게 되고, 실용적인 감각형은 직관으로 아는 가능성이 맹점이라 함정에 빠지고, 감정형은 논리적 사고에 귀를 닫고, 내면세계에 사는 직관형은 구체적인 현실과 충돌한다.

열등기능과 연관되는 지각이나 판단을 자각할 수는 있더라도, 이는 일반적으로 우월기능에 의

Inferior Function
열등기능

해 압도된다. 예를 들어 사고형은 자신의 감정에 큰 비중을 두지 않는다. 감각형은 직관을 가지고 있지만, 직관으로는 동기부여가 되지 않는다. 마찬가지로 감정형에게 방해가 되는 사고는 털어내 버리고, 직관형은 자기 앞에 있는 것들은 무시한다.

> 열등기능이 하나의 현상으로 의식될 수 있음에도, 이 기능의 진정한 의미는 인식되지 않은 채 남아 있다. 많이 억압되고 충분히 인식되지 못한 내용처럼 행동하는데, 부분적으로는 의식적이고 부분적으로는 무의식적이다…. 따라서 일반적으로 열등기능은 최소한 그 영향이 의식적으로 남아 있다. 그렇지만 신경증일 때 열등기능은 전적으로 또는 부분적으로 무의식 아래로 가라앉는다.[32]

사람이 너무 편향된 기능으로 살면, 열등기능은 이에 상응하여 원시적이고 골칫거리가 된다. 지나치게 우세한 주기능이 열등기능에서 에너지를 빼앗아, 열등기능은 무의식으로 들어간다. 무의식 속에서 열등기능은 자연스럽지 않은 방식으로 활성화되기 쉬우며, 이는 유아기적 욕망과 다른 불균형 증상을 유발할 수 있다. 이것이 바로 신경증이 나타나는 상황이다.

열등기능을 분석하여 무의식에서 해방시키려면, 이미 활성화된 무의식적 판타지를 의식으로 끌어올려야 한다. 이런 판타지가 의식적으로 자각하는 일은 열등기능을 의식으로 끌어올려 더 나아가는 발달을 실현해 준다.**33**

열등기능의 의식화는 바람직하거나 필요할 때, 점진적으로만 일어날 수 있다.

종종 분석가가 강력한 사고기능에 맞닥뜨렸을 때, 무의식에서 직접 감정기능을 발달시키려고 최선을 다하는 모습을 목격해 왔다. 이런 시도는 실패하게 되어 있는데, 의식적 입장을 지나치게 위반할 가능성이 크기 때문이다. 만약 위반이 성공하더라도 환자는 분석가에게 강박적으로 의존하고, 결국 잔인하게 종료될 수밖에 없는 전이로 이어진다. 환자는 자신의 관점을 세우지 못한 상태에서 분석가의 입장을 자신의 것으로 삼았기 때문이다…. [그러므로] 무의식의 충격을 완화하기 위해, 비이성적 유형은 의식에 나타나는 이성적 보조기능을 [반대로도 마찬가지] 더 강하게 발달시켜야 한다.**34**

열등기능을 동화하려는 시도는 대체로 주기능의 약화를 수반한다. 사고기능은 에세이를 쓸 수 없고, 감각형은 길을 잃거나 약속을 잊어버리고, 직관형은 가능성에 대한 감각을 잃고, 감정형은 가치 있는 것을 결정할 수가 없다.

그렇지만 인격을 발달시키려면 우리의 다른 측면인 열등기능이 표현되도록 허용해야 한다. 장기적으로 인격의 한 부분이 다른 기능에 의해 공생적으로 보살핌을 받게 둘 수는 없다. 우리에게 열등기능이 필요할 순간이 언제든 올 수 있으며, 그때는 준비되어 있지 않은 상태로 맞닥뜨릴 수 있다.[35]

Inflation
팽창

종종 열등감으로 보상되는, 자기 중요성을 지나치게 과장해 인식하는 마음 상태.

◆ **mana-personality**(마나 인격)와 **negative inflation**(부정적 팽창)도 참조.

긍정적이든 부정적이든 팽창은 심리적 소유의 한 증상으로, 무의식의 콤플렉스를 동화하거나 자기와 분리할 필요성을 나타낸다.

팽창된 의식은 언제나 이기적egocentric이고 자신만을 의식한다. 이 상태는 과거로부터 배울 능력이 없고, 현재 사건을 이해할 수 없고, 미래에 관한 올바른 결론을 내릴 수가 없다. 자기 최면에 걸려 있어 논쟁할 수도 없다. 필연적으로 죽음을 맞이해야 하는 재앙에 직면하게 된다. 역설적이게도 팽창은 의식이 무의식으로 퇴행한 것이다. 이는 의식이 너무 많은 무의식적인 내용을 자신에게 받아들이

고, 모든 의식의 필수요소인 변별력을 상실할 때 항상 발생한다.**36**

[팽창은] 의식의 자기 과시self-addrandizement...로 해석해서는 안 된다. 이는 일반적인 규칙에서 벗어난 경우가 많다. 우리는 일반적으로 이 조건을 직접 의식하지는 못하고, 기껏해야 증상을 통해 팽창이 존재한다는 것을 간접적으로 추론할 수 있다. 이러한 증상은 우리 주변 환경에 대한 반응을 포함한다.**37**

Instinct / 본능

특정 활동에 대한 비자발적 욕동drive.

♦ **archetype**(원형)과 **arghetypal image** (원형 이미지) 참조.

에너지가 의식적으로 통제되지 않는 모든 심혼적 과정psychic process은 본능적이다.**38**

본능이 본래의 힘을 유지하면 사회 적응이 거의 불가능해질 수 있다.**39**

본능은 고립되어 있지 않고, 실제로 고립될 수도 없다. 본능은 언제나 영적인 성질을 띤 일련의 원형적 내용을 담고 있는데, 이는 본능의 기초인 동시에 한계다. 다시 말해, 본능은 필연적으로 일종의 삶의 철학과 결합되어 있다. 아무리 고태적이고 모호하고 흐릿할지라도 말이다. 본능은 사고를 자극하고, 만일 자기의식으로 생각하지 않는다면

Instinct 본능

강박적 사고를 갖게 된다. 왜냐하면 정신의 두 축인 생리적인 요소와 정신적인 요소가 불가분의 관계에 있기 때문이다.**40**

대개 의식으로 조절되는 심적 과정이 무의식적 에너지로 가득 채워지면 본능적으로 변할 수 있다. 이는 피로, 중독, 우울증 등으로 인해 의식 수준이 떨어질 때 발생하기 쉽다. 반대로 본능은 문명화되고 의식적으로 조절되는 정도에 따라 바뀔 수 있는데, 이 과정을 융은 정신화 psychization라 불렀다.

> 지나치게 정신화를 거친 본능은 자율적인 콤플렉스의 형태로 복수할 수 있다. 이것이 신경증의 주원인 중 하나다.**41**

> 과도한 동물적 본능animal은 문명화된 인간을 왜곡하고, 과도한 문명화는 아픈 동물을 만든다.**42**

융은 다섯 가지 두드러진 본능적 요소 그룹을 찾았는데, 바로 창의력, 성찰, 활동, 성, 배고픔이다. **배고픔***hunger*은 아마도 모든 욕동 중 가장 근본적인 요소일 것이며 자기보존을 위한 주본능이다. **성***sexuality*은 두 번째로 중요한 본능인데, 특히 정신화psychization하기 쉬워, 순수한 생물학적 에너지를 다른 경로로 전환시킬 수 있다. **활동**의 욕구는 여행, 변화에 대한 사랑, 불안, 놀이에서 드러난다. **성찰** 아래 융은 종교적 충동과 의미를 찾으려는 욕구가 포함된다.

융에게 **창의력**은 비길 데가 없는 것으로, 융은 이를 특별히 예술을 창작하기 위한 충동으로 언급한다.

> 비록 우리가 아주 정확하게 구분할 수는 없지만, 창의적 본능은 특별히 언급할 가치가 있다. 나는 "본능instinct"이 바른 단어인지 확신할 수 없다. 우리는 "**창조적 본능**creative instinct"이라는 표현을 쓰는데, 이 요소가 최소한 역동적으로 본능처럼 작용하기 때문이다. 본능처럼 이는 충동적이지만 흔치는 않고, 고정되거나 항상 유전되는 구조는 아니다. 따라서 나는 창조적인 충동을 본능과 유사한 정신적 요소로 규정하는 것이 더 적절하다고 본다. 이는 본능과 매우 밀접한 관계이지만 특정 본능과 동일하지는 않다. 창의력과 성의 관계는 훨씬 많이 논의된 문제이고, 게다가 활동에 대한 욕구drive과 성찰적 본능reflective instinct은 여러 공통점이 있다. 그러나 창조적 충동 또한 이들을 억압하거나 개인의 자기 파괴에 이를 때까지 역할을 하기도 한다. 창조성은 건설적인 만큼이나 파괴적이다.[43]

Instinct 　본능

융은 또 진정한 창조성은 분석적 과정에 의해서만 향상될 수 있다고 믿었다.

> 창조적 힘은 그 소유자보다 더 강력하다. 그렇지 않다면 이는 아주 미미한 것이고, 유리한 조건이 생기면 사랑스러운 재능에 자양분을 공급하겠지만 그 이상은 아니다. 한편으로 창의력이 신경증이라면, 연기로 사라질 허상에 한마디만 하거나 한 번 보기만 해도 사라질 허상일 뿐이다. …질병은 결코 창조 작업을 발전시킨 적이 없다. 반대로 질병은 창조에 가장 강력한 장애물이다. 어떤 분석도 무의식을 지치게 할 수 없듯이 억압을 무너뜨린다고 해서 진정한 창의력을 파괴할 수도 없다.[44]

본능과 원형은 대극의 쌍이지만 불가분으로 연결되어 있어서, 종종 구별하기가 어렵다.

> 심혼적 과정은 영spirit과 본능instinct 사이에서 에너지 흐름의 균형을 맞추는 것과 같다. 이 과정을 영적인 것으로 설명할지 본능적인 것으로 설명할지는 여전히 안갯속이다. 이런 평가나 해석은 전적으로 의식적 관점이나 상태에 달렸다.[45]

의식이 지나치게 정신적으로 작용해 본능적 기반에서 너무 멀어져 길을 잃을 때, 균형을 바로잡으려는 정신의 자기 조절 과정이 활발해진다. 이는 종종 꿈에서 동물 상징, 특히 뱀으로 드러난다.

> 뱀은 본능 세계를 대변하는데, 특히 심리적으로 가장 접근하기 어려운 중요한 과정과 연결된다. 뱀 꿈은 종종 의식적 마음과 본능 사이의 모순을 나타내며, 뱀은 그 갈등의 위협적인 측면을 의인화한 존재다.**46**

Introjection
내사

Projection(투사)의 반대로, 주체에 대한 대상의 동화 과정.

내사는 외향성의 과정이며, 대상에 동화되기 위해서는 공감과 리비도의 투자가 필요하기 때문이다. 내사는 **수동적**passive 내사와 **능동적**active 내사로 구분한다. 신경증의 치료에서 전이transference 현상은 전자의 범주에 속한다. 일반적으로 대상이 주체에 강력한 영향력을 행사하는 모든 경우가 이에 속하며, 적응 과정으로의 공감은 후자의 범주에 속한다.**47**

Introspection
성찰

개인의 반응, 행동 패턴, 태도에 초점을 맞추는 성찰reflection 과정.

◆ **meditation**(명상)을 참조.

성찰introspection과 내향성introversion의 차이는 내향성이 에너지가 자연히 흐르는 방향을 나타내는 반면, 성찰은 자기 검토를 의미한다는 것이다. 내향적인 사람이나 사고기능이 잘 발달한 사람들이 모두 자기성찰을 독점하는 것은 아니다.

Introversion
내향화

에너지 움직임이 내면세계로 향하는 심리적 지향 방식.

◊ **extraversion**(외향화)과 비교.

내향의 태도를 보이는 모두는 주체가 주요 동기부여의 요소이며 대상이 부차적으로 중요하다는 것을 명확하게 보여주는 방식으로 생각하고, 느끼고, 행동한다.⁴⁸

그는 항상 자신이 하는 모든 일이 자신의 결정과 신념에 달려 있다는 것을 증명해야 하며, 그 누구의 영향을 받거나 누구를 기쁘게 하려는 욕구나 의견 때문이 아님을 증명해야 한다.⁴⁹

내향의 의식은 외부 조건들을 잘 자각할 수 있으나 그것만으로 동기부여가 되는 것은 아니다. 극도로 내향적인 사람은 주로 내적 느낌에 따라 반응한다.

많은 사람이 모인 자리에서 이 사람은 외로움과 상실감을 느낀다. 사람이 많을수록 저항이 커진다. 이 사람은 열정적인 모임을 전혀 좋아하지 않는다. 그는 잘 어울리는 사람이 아니다. 이 사람이 하는 것은 자신의 방식으로 외부의 영향으로부터 자기 방어막을 치는 것이다…. 정상적인 조건에서 이 사람은 비관적이며 걱정에 휩싸이는데, 세상과 인간은 그에게 조금도 선하지 않으며 그를 짓

밟기 때문이다.

이 사람의 세계는 안전한 항구이자 조심스럽게 가꾸고 벽으로 둘러싸인 정원으로, 대중에게 드러나지 않고 호기심 어린 시선에서 숨어져 있다. 그는 혼자 있는 시간이 가장 좋다.[50]

아이에게 내향성의 징후는 성찰적이고 사려 깊은 태도이고 외부 영향에 대해서는 저항한다.

아이는 자기만의 방식을 원하고, 어떤 상황에서도 이해할 수 없는 생경한 규칙에 복종하지 않는다. 아이가 질문할 때는 호기심이나 센세이션을 일으키려는 욕구 때문이 아니라, 대상에 대한 주관적인 보호를 위해 이름, 의미, 설명을 원하기 때문이다.[51]

내향적 태도는 사물이나 타인을 평가절하하거나 그들의 중요성을 부인하는 경향이 있다. 따라서 보상을 통해서, 극단적인 내향성은 대상의 영향력을 무의식적으로 강화하는 결과를 낳는다. 이는 외부 환경이나 타인에 대한 정서적 반응과 함께 그 자체로 유대감으로 느끼게 한다.

개인의 정신적 자유는 자신의 재정적 의존의 비굴함에 속박되고, 행동의 자유는 여론 앞에서 흔들

Introversion
내향화

리고, 도덕적 우월감은 열등한 관계의 늪에서 무너지고, 지배하려는 욕망은 사랑받고 싶은 측은한 갈망으로 끝난다. 이제 대상과의 관계를 돌보는 것은 무의식이며, 권력의 환상과 우월의 망상은 완전히 파멸로 이끄는 방식으로 이뤄진다.[52]

이런 상황에 처한 사람은 자신의 의지를 강요하려는 무익한 시도로 인해 지칠 수 있다.

이러한 노력들은 대상으로부터 받은 압도적 인상으로 인해 끊임없이 좌절된다. 대상은 그의 의지에 반하여 지속적으로 그에게 자신을 강요하고, 매 단계마다 가장 불쾌하고 다루기 힘든 영향을 불러일으키고 그를 괴롭힌다. '계속'하기 위해서는 시종일관 엄청난 내적 투쟁이 필요하다. 그의 신경증의 전형적인 형태는 한편으로는 극도로 예민하고, 다른 한편으로는 기진맥진하고 만성 피로에 매우 민감하게 반응하는 정신 쇠약증이다.[53]

덜 극단적인 경우, 내향형은 단순히 집이라는 익숙한 환경과 친한 친구들과의 친밀한 시간을 선호하며, 에너지를 아껴 여기저기 돌아다니기보다는 한곳에 머무르는 것을 더 좋아한다. 이들은 자신의 자원과 주도권을 가지고 자신만의 방식으로 최선을 다해 일한다.

그가 스스로 물러나는 것은 세상을 최종적으로 포기하는 것이 아니라, 혼자서도 공동체의 삶에 기여할 수 있는 고요함을 찾는 것이다.⁵⁴

Intuition
직관

현재에 내재된 가능성을 인식하는 심적 기능.
◆ **sensation**(감각)과 비교.

직관은 전망과 통찰을 제공한다. 직관은 마치 마법 같은 가능성이 현실인 것처럼 마음껏 즐긴다.⁵⁵

융의 유형학 모델에서 직관은 감각과 마찬가지로 주어진 사실들의 인식을 토대로 세상을 보기 때문에 비합리적 기능이다. 그러나 감각과는 다르게 직관은 무의식을 통해 인식하고 구체적 현실에 의존하지 않는다.

직관에서 어떤 내용이 전체적으로 완전한 형태로 나타나며, 그것이 어떻게 생겨났는지 설명하거나 발견할 수 없을 때도 있다. 직관은 내용과 관계없이 일종의 본능적인 이해다…. 직관적 지식은 본질적으로 확실성과 신념을 가지고 있다.⁵⁶

직관은 내부에서 정보를 받을 수 있거나(예를 들어 출처를 알 수 없는 번뜩이는 통찰로), 다른 사람에게서 일어나는 일에 자극을 받을 수도 있다.

첫째는 주체에서 비롯되는 무의식적 심리 정보에

대한 인식이고, 둘째는 대상에 대한 잠재적 인식과 이들이 불러일으키는 감정이나 생각에 의존하는 정보에 대한 인식이다.**57**

Irrational   **비합리적인**

이성에 기반하지 않음.

♦ **rational**(합리적)과 비교.

융은 기본적인 존재론적인 사실들이 이 범주에 속한다고 지적한다. 예를 들어 지구에 달이 있고, 염소가 원소이고, 물이 어떤 온도에서 얼고, 섭씨 4도에서 밀도가 제일 높아진다는 것, 우연 등이 그렇다. 이런 내용들은 비논리적이어서가 아니라 이치에 맞지 않기 때문에 비합리적이다. 융의 유형학 모델에서 직관과 감각은 심리적 기능이 비합리적이라고 설명한다.

> 직관과 감각은 모두 사건의 흐름을 **절대적 인식** *absulute perception*으로 만족하는 기능이다. 따라서 본질적으로 이 두 기능은 나타날 수 있는 것마다 반응하고 절대적으로 우발적인 것에 조율되므로 모든 이성적 기능이 결핍될 수밖에 없다. 이런 연유로 나는 이 두 기능을 이성의 법칙과 완전한 조화를 이룰 때만 만족하는 사고와 감정 기능에 반하여 비합리적 기능이라 부른다.**58**

[비합리적 유형이] 판단을 인식에 종속시킨다고 해서 "비합리적"이라고 간주하는 것은 대단

히 잘못된 것이다. 비합리적 유형은 **경험적** 수준이 가장 높다고 말하는 것이 더 옳을 것이다. 비합리적 유형은 전적으로 경험에 기반한다.[59]

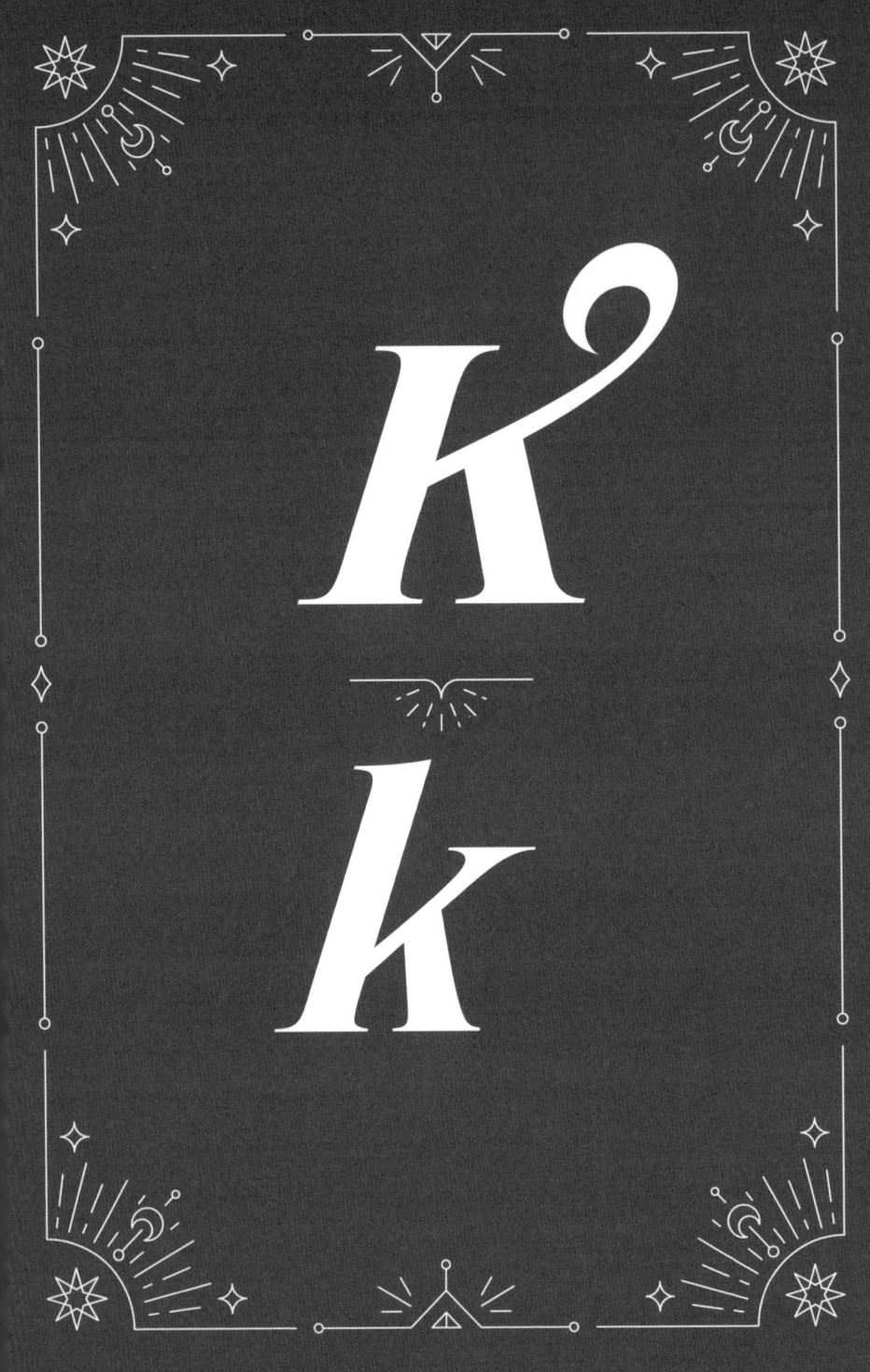

Kore

코레

그리스 신화에서 여성성의 순수함(예를 들어 페르세포네)을 의인화하기 위한 용어. 심리적으로 남녀의 내면에 존재하는 코레는 잠재적 재탄생의 원형 이미지를 말함.

코레의 현상학은 본질적으로 양극bipolar이 존재하는데(모든 원형이 그렇듯이), 이는 어머니와 처녀mother-maiden의 쌍dyad이 연관되어 있다. 여성의 무의식에서 나오는 산물을 관찰할 때, 이는 상위인격supradodinate 또는 자기self의 이미지다. 남성에게 코레는 아니마anima의 측면이고, 내면의 인격에 연결된 모든 상징에서 엿볼 수 있다.

> 실질적 관찰에서, 코레는 여성에게 종종 **미지의 어린 소녀**로 나타난다…. 처녀의 무력감은 모든 **위험**에 노출되는데, 예를 들어 파충류에 잡아먹히거나 의례의 희생제물처럼 살해되는 것이다. 종종 무고한 아이가 희생양이 될 때 피비린내 나고, 잔혹하고, 심지어 음란한 난교가 벌어지는 경우가 있다. 때로 이는 진정한 **네키아**^{nekyia}, 즉 하데스Hades 세계로의 하강이고, '얻기 어려운 보물'을 위한 탐색quest이며, 경우에 따라서 난교적인 orgiastic 성 의례나 생리혈을 달에 바치는 것과도 연관된다. 기이하게도 '대지모Earth Mother'에 의해 다양한 고문이나 외설적 행위가 자행된다. … 사례 연구에서 드러나는 처녀는 막연하게 꽃 같은 코레와 크게 다르며, 이 현대의 인물은 좀 더 예리하게 윤곽을 그릴 수 있고 거의 '무의식적'이지는 않다.[2]

Kore 　　　코레

데메테르와 코레, 어머니와 딸은 위아래로 여성의 의식을 확장한다. 이들은 '나이 듦과 젊음', '강인함과 약함'의 차원을 더해 시공간에 한정된 의식을 확장시키고, 더 크고 포괄적인 인격을 시사한다…. 이 인격은 영원한 흐름 속에서 하나의 몫을 차지한다. 따라서 우리는 모든 어머니가 내면에 자신의 딸을 품고 있고, 모든 딸은 내면에 자신의 어머니를 품고 있다고 말할 수 있다. 또한 모든 여성은 과거로는 어머니에게, 미래로는 딸에게로 뻗어나간다고도 말할 수 있다…. 이런 연결성을 의식적으로 경험할 때 자신의 삶이 전 세대로 넓게 펼쳐지는 느낌을 갖게 되고, 이는 시간을 초월한 존재를 직접 경험하고 확신하는 첫걸음이 되며, 이를 통해 **불멸**의 느낌을 준다.[3]

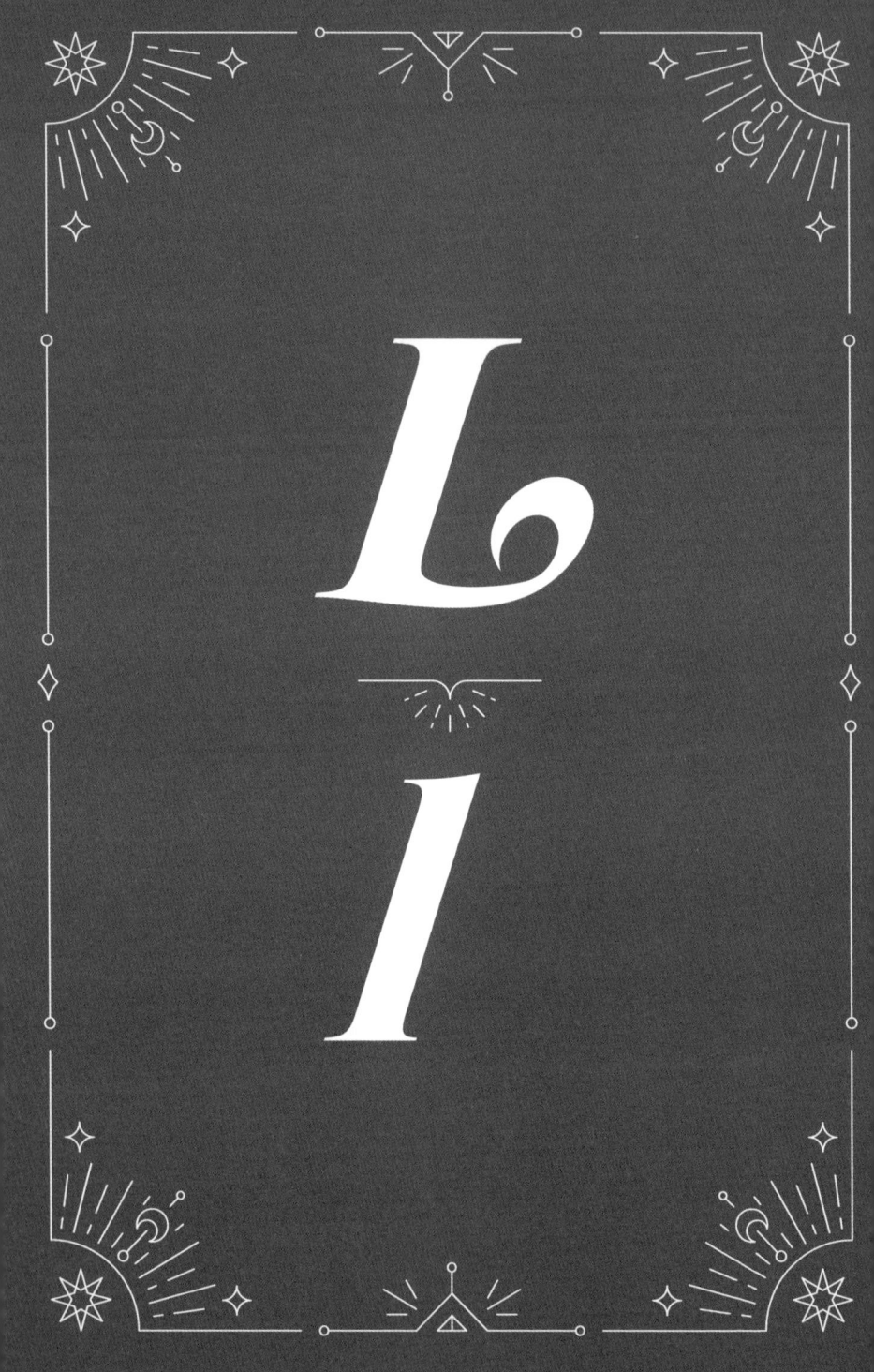

Libido
리비도

일반적으로 심리적 에너지.

♦ **final**(궁극적) 참조.

리비도는 명확한 형태를 제외하고는 결코 파악할 수 없다. 즉 이는 판타지 이미지와 동일하다. 그리고 우리는 그에 상응하는 판타지 이미지를 떠올려야만 무의식의 손아귀에서 리비도를 해방시킬 수 있다.[1]

융은 특히 자신의 리비도 개념을 프로이트의 개념과 거리를 두었는데, 프로이트에게 리비도는 대부분 성적 의미를 지닌다.

모든 심리적 현상은 에너지의 발현으로 간주될 수 있고, 이는 로버트 마이어Robert Mayer가 에너지 보존법칙을 발견한 이래로 모든 물리적 현상도 에너지의 발현으로 이해된 것과 마찬가지다. 주관적, 심리적으로 이런 에너지는 **욕망**desire으로 표현되었고, 나는 본래의 의미대로 사용해 이를 **리비도**라 부르는데, 이는 결코 성적인 것만은 아니다.[2]

[리비도는] 도덕적이든 다른 것이든 어떤 권위에 의해서도 억제되지 않는 욕망이나 충동을 의미한다. 리비도는 자연상태의 욕구appetite다. 유전적 관점에서 리비도의 본질은 배고픔, 갈증, 수면, 섹스 같은 신체적 욕구이고, 동시에 정서적 상태나 정동이다.[3]

Libido
리비도

정신은 자기 조절 시스템이라는 융의 믿음에 따라, 리비도를 의도성과 연관시켰다. 리비도는 정신의 전반적인 건강을 위해 어디로 향해야 하는지 '알고' 있다.

> 리비도는 본래 타고난 성향이 있다. 이는 물처럼 흐르려면 경사가 있어야 한다.[4]

리비도가 결핍되면(우울증), 무의식의 내용을 자극하기 위해 후퇴하는데(퇴행), 이는 의식적 태도를 보상하려는 목표다. 아무리 적은 에너지가 남았더라도 의식적으로 택한 방향으로 적용하는 데 저항한다.

> 합리적으로 선택한 대상에 '일회용' 에너지를 임의로 옮기는 것은 우리 의지 밖의 일이다. 환원 분석 reductive analysis이라는 부식 과정을 통해 쓸모없는 형태를 파괴했을 때 해방된 것으로 보이는 에너지도 마찬가지다. [이 에너지]는 기껏해야 단기적으로만 임의로 적용할 수 있을 뿐이다. 그러나 대부분 합리적으로 제시된 가능성을 오랫동안 붙잡으려 하지 않는다. 심혼적 에너지는 매우 까다로운 것이며 자체의 조건을 충족시켜야 한다고 주장한다. 아무리 많은 에너지가 있더라도, 바른 변화도gradient를 찾기 전까지는 리비도를 유용하게 만

들 수 없다.⁵

이 상황에서 분석적 임무는 개인 에너지의 자연스러운 변화도gradient를 발견하는 것이다.

> 지금 이 순간, 이 개인에게 삶의 자연스러운 충동이 드러나는 것은 무엇일까? 이것이 바로 질문이다.⁶

Logos
로고스

논리와 구조의 원칙이 전통적으로 영spirit, 아버지 세계, 남신 이미지와 연관됨.

◊ **animus**(아니무스)와 **eros**(에로스)를 참조.

> 대극의 구별 없이 의식은 없다. 이는 아버지 원리인 로고스인데, 어머니 자궁의 원초적 따뜻함과 원초적 어둠, 즉 어머니 자궁에서 벗어나려는 영원한 투쟁을 의미한다. 한마디로 무의식에서 벗어나기 위해 끊임없이 고군분투한다.⁷

초기 저작에서 융은 직관적으로 남성성의 의식masculine consciousness을 로고스의 개념과, 여성성의 의식feminine cousciousness을 에로스의 개념과 동일시했다. 반대되는 성의 콤플렉스로 인해, 특정 남성이나 여성 중 한쪽이 우세할 수 있다.

> 로고스란 내게 분별력, 판단력, 통찰력을 의미했고 에로스란 관계 맺는 능력을 의미했다. 나는 두 개념을 정확하거나 철저하게 정의될 수 없는 직관

Logos

로고스

적인 아이디어로 간주했다. 과학적 관점에서 이 아이디어는 유감스러우나, 실용적인 관점에서는 가치가 있다. 두 개념은 정의하기 어려운 경험의 영역을 나타낸 것이기 때문이다.

심리학적 명제를 세울 때 곧바로 반대로 뒤집어야 할 경우가 많은데, 이 반례는 바로 눈에 띈다. 이를테면 분별력, 판단력, 통찰력에 전혀 관심이 없는 남성들과, 반대로 거의 지나치게 남성적인 능력을 보이는 여성들이 있다…. 이들이 존재하는 곳이 어디든, 무의식이 강제적으로 침입해 그에 상응하는 타성either sex에 대한 의식이 배제되며, 이에 따라 그림자와 반대 성contrasexuality이 지배적으로 나타난다.[8]

융의 후기 연금술 저작에서 융은 로고스와 에로스를 태양 의식과 달 의식에 심리적으로 상응하는 개념으로 설명했는데, 이는 동양의 **음양** 개념과 유사한 원형적 개념이자 에너지의 서로 다른 특성을 의미했다. 이는 에로스를 좀 더 여성성의 의식에 '특정'하고 로고스를 남성성의 의식에 특정하는 그의 견해가 바뀐 것이 아니었다. 그러므로 융은 남성의 에로스를 아니마의 영향으로, 여성의 로고스를 아니무스의 영향으로 본다.

남성 내면에 달의 아니마, 여성 내면에 태양의 아니

무스가 의식에 가장 큰 영향을 미친다. 남성은 종종 아니마의 지배anima-possession를 자각하지 못하더라도, 이 남성은 당연히 아내의 아니무스 지배를 받고 있다고 더 생생하게 느끼고 있으며, 그 반대 경우도 마찬가지다.**9**

Loss of Soul
영혼의 상실

인류학에서 빌려온 개념으로, 심리적으로는 일반적인 정신적 불안 상태를 말함.

이 용어가 다루는 특이한 상태는 원시인의 마음속에서 이는 마치 간밤에 개가 주인에게서 도망친 것과 같다. 영혼이 몸을 떠났다는 추정에 따르는 것이다…. 그 뒤 도망자를 되찾아 오는 것이 의술사medicine man의 임무다…. 이와 비슷한 일이 문명인에게도 일어나지만, 이를 '영혼의 상실'이 아니라 '에너지의 저하abasissement du nivear mental'로 묘사할 뿐이다.**10**

Mana-personality
마나 인격

초자연적인 힘이 의인화된 원형 이미지.

마나 인격은 집단적 무의식의 지배적인 요소이며, 영웅, 추장, 마법사, 의사, 성인, 인간과 영혼의 지배자, 신의 친구 등으로 잘 알려진 강력한 인간의 원형이다.[1]

역사적으로 마나 인격은 영웅이나 신과 같은 존재god-like being로 진화하며, 이들은 지상에서 성직자의 형상으로 나타난다. 의사가 여전히(단순히 치료하는 행위를 넘어) 마나를 얼마나 접하고 있는지, 이 때문에 분석가는 한탄한다![2]

마나Mana는 신들이나 신성한 존재들이 지니는 신비롭고 마법을 거는 특성이 있는 멜라네시아 용어다. 마나 인격은 이런 마법적 힘을 체화한다. 융은 개인 심리학individual psychology에서 자율적인 무의식의 내용, 특히 아니마와 아니무스와 연관된 내용을 동화시켜 팽창된 효과를 묘사하는 데 사용한다.

자아는 자아에 속하지 않는 것을 전유한다. 그러나 어떻게 마나를 전용했을까? 아니마와 분투하는 것이 진정으로 자아라면, 마나는 확실히 자아에 속하고, 이 사람은 특별해졌다고 결론을 내리는 것이 타당할 것이다. 그렇지만 이 중요성인 마나가 왜 타인에게는 작동하지 않는가? …실제로 중요해진 것이 아니라 단지 원형, 즉 무의식의 또 다른 형상과 혼합adulteration되었기 때문이다. 따라서 우리는 자아가 결코 아니마를 정복하지 못했고, 마나를 얻지 못했다고 결론 내려야 한다. 그저 새로운 혼합이 일어났을 뿐이다.**3**

Mandala   만다라

◊ **quaternity**(사위체)와 **temenos**(테메노스) 참조.

Masculine   남성성

◊ **anima**(아니마)와 **logos**(로고스) 참조.

Meditation   명상

자기성찰introspection에 초점을 맞추는 기법.

융은 동양의 명상을 서양 종교의 전통적인 수련과는 구분했고, 자기 이해를 위한 도구로 특히 투사를 알아차리는 데 활용했다.

오늘날 고대의 명상 기법이 조금이나마 실행된다면, 종교나 철학계에서만 이뤄진다. **이냐시오 영성 훈련**Ignatian Excercitia이나 인도의 영향을 받아 발전한 특정 신지학 수행에서처럼 명상가가 주관적으로 주제를 택하거나 교사가 처방하는 방식으로 진행된다. 이 방법들은 집중력을 높이고 의식을 강화하는 데 쓸모 있지만, 인격을 통합하는 데

는 의미가 없다. 오히려 이들의 목적은 무의식으로부터 의식을 보호하고 무의식을 억압하는 데 있다.[4]

명상이 무의식의 객관적인 산물과 관련될 때, 즉 자발적으로 의식에 도달했을 때, 이는 본질적으로 무의식적 과정에서 비롯한 내용들과 결합한다. 특히 이 내용들은 의식적인 인과의 사슬에서 비롯하지 않았다. 무의식의 내용 일부가 투사되지만, 투사 자체는 인식되지 않는다. 투사의 내용을 확인하기 위해서는 명상이나 비판적 성찰, 대상에 대한 객관적 조사가 필요하다. 개인이 자신을 제대로 살피려면 자신의 투사를 인식해야 한다. 이는 투사가 대상의 본질을 왜곡할 뿐 아니라 자신의 성격에 속하며 통합되어야 할 내용을 포함하기 때문이다.[5]

Mother Complex
모성 콤플렉스

어머니와의 경험과 이미지에 관련된 감정적인 색채를 띤 아이디어들의 집합.

모성 콤플렉스는 모든 사람의 정신에 잠재적으로 활동하는 요소인데, 먼저 개인적인 어머니와의 경험을 통해 형성된다. 그다음은 다른 여성들과의 주요한 접촉 및 집단적 추정을 통해 정보를 얻는다. 모성 콤플렉스의 구성은 아들에게 나타나느냐 딸에게 나타나느냐에 따라 서로 다른 효과가 있다.

Mother Complex
모성 콤플렉스

아들에게 미치는 전형적인 영향은 동성애, 돈 후 안주의Don Juanism, 때로는 발기 부전[여기에 부성 콤플렉스도 작동하기는 하지만]이 있다. 동성애의 경우 아들의 모든 이성애 성향이 무의식적 형태로 어머니에게 묶여 있다. 돈 후안주의의 경우 남성은 무의식적으로 만나는 모든 여성에게서 자신의 어머니를 갈구한다.[6]

남성의 모성 콤플렉스는 반대 성향의 콤플렉스인 아니마에 영향을 받는다. 남성이 내면의 여성과 좋은 관계를 맺는다면(여성에게 사로잡히는 대신), 심지어 부정적인 모성 콤플렉스조차 긍정적인 영향을 미칠 수 있다.

> [남성은] 동성애 대신 또는 동성애와 더불어 미세하게 구별되는 에로스를 지닐 수 있다…. 이는 그 남성에게 우정에 대한 엄청난 능력을 부여하고, 종종 남성들 간에 놀랍게 부드러운 결속을 만들어 내며, 심지어 이성 간에 불가능하다는 어중간한 우정도 실현할 수 있다….
> 마찬가지로 부정적인 측면에서 돈 후안주의로 나타나는 것이 긍정적으로는 대담하고 단호한 남자다움으로 나타날 수 있다. 최고의 목표를 향한 야심찬 노력, 모든 어리석음, 편협한 마음, 불의, 게으름에 대한 반대, 옳다고 여겨지는 것을 위해

> 기꺼이 희생하려는 (때로는 영웅주의에 가까울 정도로 강인한) 의지, 우주의 수수께끼에조차 굴하지 않는 호기심, 세상에 새로운 모습으로 태어나도록 노력하는 혁명적인 정신으로 나타날 수 있다.[7]

딸에게 모성 콤플렉스 효과는 여성성의 본능에 대한 자극에서부터 억제까지도 포함한다. 전자의 경우에는 본능이 우세하기에 여성은 자신의 성격을 의식하지 못하게 된다.

> 여성적인 측면을 과장하는 것은 모든 여성의 본능, 무엇보다도 모성 본능을 강화한다는 뜻이다. 출산이 유일한 목표인 여성에게서는 부정적인 측면이 보인다. 그녀에게 남편은⋯ 무엇보다도 생식의 도구이며, 남편을 아이, 가난한 친척, 고양이, 개, 가재도구 등과 함께 돌봐야 할 대상으로만 여긴다.[8]

후자의 경우, 여성의 본능은 억제되고 전적으로 파괴된다.

> 그 대신 에로스가 과도하게 발달하면, 거의 변함없이 아버지와 무의식적인 근친상간 관계로 이어진다. 강화된 에로스는 타인의 인격을 비정상적으로 강조한다. 어머니에 대한 질투와 어머니를 능가

Mother Complex
모성 콤플렉스

하려는 열망은 이후 벌이게 될 일들의 원동력이 된다.[9]

그렇지 않으면, 여성 본능을 억제하는 것은 어머니와의 동일시로 이어질 수 있다. 그러면 이 여성은 자신의 모성 본능과 자신의 에로스 모두 의식하지 못하고, 무의식적인 내용을 어머니에게 투사한다.

> 어머니는 일종의 슈퍼우먼(딸에게 무의식중에 존경받는)으로, 딸이 스스로 살아내야 할지 모르는 모든 삶을 딸을 위해 미리 살아낸다. 딸은 이타적으로 헌신하는 어머니에게 집착하는 동시에, 자신도 눈치 못 채게 어머니를 지배하려 애쓴다. 물론 완전한 충성과 헌신의 가면을 쓰고 말이다. 딸은 종종 어머니에게 눈에 띄게 지배당하는 그림자 같은 존재로 살며, 일종의 지속적인 수혈을 통해 어머니의 생명을 연장한다.[10]

겉으로 드러나는 '공허함' 때문에 이 여성들은 남성들이 투사하기 좋은 미끼가 된다. 헌신적이고 자기희생을 하는 아내로서, 종종 이들은 자신의 무의식적 선물들을 남편에게 투사한다.

그러면 우리는 전혀 가능성이 없어 보였던 한 보

잘것없는 남성이 마법의 양탄자를 탄 것처럼 갑자기 성취의 최정상으로 솟아오르는 광경을 목격한다.[11]

융의 견해로는 이 세 가지 극단적 유형은 여러 중간 단계와 함께 얽혀 있는데, 가장 중요한 유형은 어머니와 어머니를 대표하는 모든 것에 대한 압도적인 저항이 나타나는 단계다.

> 이것이 부정적 모성 콤플렉스의 최고 예시다. 이 유형의 모토는 이렇다. "어머니 같지 않은 것이라면 무엇이든!" …모든 본능적 과정은 예기치 못한 어려움에 맞닥뜨린다. 성 정체성이 적절하게 기능하지 않거나, 자녀를 원치 않거나, 모성적 의무를 견딜 수 없거나, 결혼 생활의 요구에 조바심과 짜증으로 반응한다.[12]

종종 이런 여성은 로고스 활동에 탁월한데, 이런 곳에는 어머니가 설 자리가 없다. 현실에 대해 단지 반작용적인 태도만 극복할 수 있다면, 이 여성은 삶의 후반부에 자신의 여성성에 더 깊이 공감할 수 있을 것이다.

> 명쾌함, 객관성, 남성성 덕분에 이 유형의 여성은 종종 사회에서 중요한 역할을 맡는다. 명철한 지

성의 도움으로 뒤늦게 발견된 모성적 자질이 가장 이로운 영향력을 끼친다. 여성스러움과 남성적 이해라는 흔치 않은 결합은 친밀한 관계의 영역뿐 아니라 실질적 문제 영역에서도 가치가 있음을 보여준다.**13**

모든 모성 콤플렉스의 핵심은 모성 원형mother archetype이다. 이는 남녀 모두에게 개인적 어머니와의 정서적 연관성 이면에는(긍정적 어머니) 한편으로 자양분과 안전이라는 집단적인 이미지가 있고, 다른 한편으로는(부정적 어머니) 소유욕을 탐닉하는 집단적 이미지가 있다.

Motif   모티프

◊ **archetypal image**
(원형 이미지) 참조.

Myth   신화

무의식의 심리적 경험에 기반한 비자발적인 집단적 진술.

원시적 사고방식은 신화를 **발명**하는 것이 아니라 **경험**한다. 신화는 전의식적preconscious 정신이 원초적으로 드러나는 계시다…. 이러한 무의식 과정의 대부분은 의식에 의해 간접적으로 발생할 수는 있지만, 결코 의식적 선택에 따른 것은 아니다. 다른 것들은 자발적으로 일어나는 것으로 보이는데, 이는 식별할 수 있거나 입증할 수 있는 의식적 원인에서 비롯되지 않는다는 뜻이다.**14**

Negative Inflation
부정적 팽창

그림자의 부정적 측면과 동일시하여, 자신에 대해 비현실적으로 낮은 견해.

♦ **inflation**(팽창) 참조.

도덕적 열등감이 나타날 때마다, 이는 무의식적 요소를 동화할 필요성을 나타낼 뿐 아니라, 동화의 가능성도 시사한다.[1]

Neurosis
신경증

자신과의 분열 상태로 인한 심리적 위기, 좀 더 공식적으로는 콤플렉스들이 활성화되어 인격에 발생한 경미한 해리 dissociation.

♦ **adaptation**(적응), **conflict**(갈등), **self-regulation of the psyche**(정신의 자기 조절)도 참조.

성격의 불일치는 해리를 초래할 수 있다. 예를 들어, 사고기능과 감정기능 사이에 차이가 너무 심하면 이미 경미한 신경증이다. 일단 자신과 완전히 일치하지 않을 때, …신경증적 상태에 가까워지고 있다.[2]

모든 신경증은 해리와 갈등하는 양상이 보이며, 콤플렉스를 포함하고, 퇴행과 **에너지 저하** *abaissement*의 흔적이 보인다.[3]

융의 견해로는 신경증의 발현은 목적이 있다. '우리가 생각하는 우리'에 반하여 '우리가 누구인지'를 의식할 수 있는 기회다. 한결같이 신경증에 수반하는 증상들, 즉 불안, 두려움, 우울, 죄책감, 특히 갈등을 극복하면서 우리는 한계를 자각하고 진정한 강점을 발견하게 된다.

많은 경우에 "그가 신경증을 받아들이기로 마음먹어서 다행이다"라고 말해야 한다. 신경증은 진

Neurosis
신경증

정 자기를 치유하기 위한 시도다…. 이는 꿈의 기능과 비슷하게, 자기조절 정신 체계self-regulating psychic system가 균형을 맞추려는 시도인데, 단지 좀 더 강력하고 과감할 뿐이다.[4]

나는 신경증으로 인해 자신의 모든 유용성과 존재 이유를 직시한 사람을 한 명 이상 알고 있는데, 신경증이 이 사람의 인생에서 최악의 어리석은 선택을 막아주었고 자신의 소중한 잠재력을 발전시키는 삶으로 **이끌었다**. 옴짝달싹 못 하게 움켜잡는 신경증이 아니었더라면, 이 사람 본래의 삶에 속하는 자리로 붙잡아 두지 않았더라면, 이 사람의 소중한 잠재력은 숨이 막혔을 터였다.[5]

의식적 기능이 와해breakdown됨으로, 에너지가 퇴행하고 무의식적 내용물들이 활성화되는데, 이는 의식의 편향성을 보상하려는 시도다.

다른 모든 질병처럼 신경증은 부적응으로 인한 증상이다. 이를테면 체질적으로 약하거나 결함, 잘못된 교육, 나쁜 경험, 부적절한 태도 등과 같은 장애물 때문에, 치열한 삶에서 벗어나 유아기적 세계로 돌아간 자신을 발견한다. 무의식은 상징을 만들어 이런 퇴행을 보상하는데, 비교 연구의 방법으로 상징을 객관적으로 이해했을 때, 이 모든 자연스러운 사고 체계 바탕에 놓인 일반적인 개념들이 다시 활성화된다. 이렇게 태도의 변화가 일어나며, '있는 그대로의 인간'과 '마땅히 그래야만 하는 인간' 사이의 분열에 다리를 놓아준다.[6]

융은 신경증에 대한 자신의 태도를 "에너지 넘치는" 혹은 "궁극성final"이라 불렀는데, 이는 퇴행에 대한 인과적이고 기계적인 이유를 신경증의 원인으로 분석하기보다는, 에너지의 잠재적인 전진을 기반으로 하기 때문이다. 이 두 견해는 양립할 수 없는 것이 아니라 오히려 상호보완적이다. 기계적인 접근은 현재의 심리적 불편의 원인을 과거에서 찾는다. 융은 미래의 가능성을 염두에 두고 현재에 초점을 맞췄다.

> 나는 더 이상 과거에서 신경증의 원인을 찾지 않고 현재에서 찾는다. 나는 질문한다. 환자가 하려 들지 않을, 필수 과제는 무엇일까?[7]

> 정신착란의 경우에, 단순히 추정되거나 실제의 원인을 의식으로 가져오는 것만으로는 충분하지 않다. 치료는 의식에서 해리된 내용을 통합하는 것을 포함한다.[8]

융은 오이디푸스 콤플렉스가 삶의 후반부에 신

Neurosis
신경증

경증으로 발현될 수 있다는 프로이트 이론에 이의를 제기하지 않았다. 융은 특히 유아기를 포함한 삶의 특정 시기가 종종 성격에 영구적이고 결정적인 영향을 미친다는 점을 인정했다. 그렇지만 융은 신경증의 흔적이 없다가 갑자기 붕괴breakdown의 순간이 나타나는 사례들에 대해서는 충분히 설명하지 못한다는 점을 알게 되었다.

> 프로이트의 신경증에 관한 성 이론sexual theory은 진실하고 사실적인 원칙에 근거하고 있다. 그러나 편향적이고 배타적인 실수를 범한다. 또 자유로운 에로스를 성sex이라는 저속한 용어로 규정하는 부주의함을 저지른다. 이런 면에서 프로이트는 물질주의 시대의 전형적인 대변인이며, 그의 희망은 시험관test-tube에서 세계의 수수께끼를 풀려는 것이었다.[9]

만일 고착이 진정으로 사실[주원인]이라면 우리는 그 영향력이 일정할 것이라고 기대해야 한다. 다시 말해 신경증은 평생 지속되어야 하지만, 반드시 그런 것은 아니다. 신경증의 심리적 원인은 부분적으로만 유아기적 초기 성향에 기인하고, 현재의 요인에 기인하는 게 틀림없다. 그리고 신경증 환자가 집착하는 유아기의 판타지들이나 경험을 주의 깊게 살펴보면, 그 안에 특별히 신경증적인 요소가 없다는 데 동의해야 할 것이다. 정상인들도 거의 동일한 내적·외적 경험을 하고, 놀라울 정도로 거기에 매달려 있을 수 있지만 신경증으로 발전하지는 않는다.**10**

비슷한 환경에서 왜 어떤 사람은 신경과민이 되고 다른 사람은 그렇지 않은 결정적인 원인은 무엇일까? 융의 답변은 개인의 정신이 그 한계와 잠재력을 모두 알고 있다는 것이다. 만일 전자가 초과되거나 후자가 실현되지 않는다면, 붕괴가 일어난다. 정신 자체가 상황을 바로잡는 역할을 한다.

> 무의식적인 생활방식으로 악명 높지만, 대다수 사람은 신경증 근처에조차 가지 못한다. 그러나 신경증에 시달리는 소수는 실제로 어떤 이유든 원시 수준에 너무 오래 머문 "더 높은higher" 유형의 사람들이다. 이들의 본성은 장기적으로 부자연스러운 무기력 상태torpor에 오래 머무는 것을 견디지 못한다. 좁은 의식적 시야와 갑갑한 존재 때문에 이들은 에너지를 절약하고 조금씩 무의식에 축적하여, 결국 어느 정도 급성 신경증의 형태로 터져 나온다.**11**

신경증을 바라보는 융의 견해는 고전적인 환원

적 접근과는 근본적으로 차이가 나지만, 분석에서 일어나는 일에는 실질적인 변화가 없다. 활성화된 판타지는 여전히 밝혀져야 하는데, 삶에 필요한 에너지가 이 판타지들에 얽매여 있기 때문이다. 그러나 융의 목표는 신경증의 근본 원인을 밝히는 것이 아니라, 의식과 무의식 사이에 연결을 확립해 에너지의 새로운 전진progression을 가져오는 것이다.

Night Sea Journey
밤바다 여정

신화학에서 원형적 모티프로, 심리학적으로 신경증의 특징인 우울증과 에너지상실과 연관됨.

밤바다 여정은 일종의 **하데스 세계로의 하강** descensus ad inferos이자 이 세상 어딘가 의식 너머에 귀신들의 땅으로의 여행이다. 그러므로 이는 무의식에 침잠하는 여정이다.[12]

신화적으로 밤바다 여정 모티프는 대체로 용이나 바다 괴물에게 삼켜지는 것과 관련된다. 이는 또 태양신과 영웅들이 전통적으로 겪었던 감금, 십자가에 못 박힘, 몸의 절단, 납치 등의 경험으로 묘사된다. 길가메시, 오시리스, 그리스도, 단테, 오디세우스, 아이네아스, 신비주의자들의 언어로 영혼의 어두운 밤이다.

융은 이런 전설을 상징적으로 해석했다. 신경증이 발병했을 때 에너지의 퇴행적 움직임과 그 잠재적 진행을 보여주는 예시로 해석했다.

영웅은 리비도의 움직임을 상징적으로 드러내는 대표자다. 용에게 진입하는 것은 퇴행적 방향을 의미하고, 동쪽the East으로의 여정(밤바다 여정)과 여기 수반되는 사건들은 정신 내면의 상태에 적응하려는 노력을 상징한다. 영웅이 용의 뱃속으로 완전히 삼켜져 사라지는 것은 외부세계로부터의 관심을 완전히 철회한다는 뜻이다. 내면에서 괴물을 극복하는 것은 내적 세계의 상태에 적응하는 것이며, 새가 도와주어 괴물의 배에서 영웅이 등장하는 것(미끄러져 나오는 것)은 일출의 순간에 일어나는데, 이는 전진progression의 재개를 상징한다.[13]

밤바다 여정 신화는 전부 태양의 움직임에서 유래한다. 융의 서정적 표현에 따르면, "저녁마다 어머니의 양수에 잠겼다가 아침마다 새롭게 태어나는 불멸의 신처럼 바다 위를 항해한다."[14] 태양이 지는 것은 우울 상태의 에너지 손실로 비유할 수 있고, 이는 부활을 위한 필연적인 서곡이다. 치유의 물(무의식)에 씻겨져 정화된 태양(자아의식)은 다시 살아난다.

Nigredo
니그레도

연금술 용어로 심리적으로 무의식적 내용, 특히 그림자를 동화하는 과정에서 일어나는 정신적 혼란에 해당함.

자기 인식self-knowledge은 우리가 예상하지 못한 멀고 깊은 곳으로 데려가는 모험이다. 심지어 그림자에 대한 적당히 포괄적인 이해조차 상당한 혼란과 정신적 어두움을 초래할 수 있는데, 이는 이전에는 상상조차 하지 못한 성격 문제를 일으킬 수 있기 때문이다. 이런 이유로 연금술사들은 **니그레도** 멜랑코리아*nigredo melancholia*를 "검정보다 더 검은", 밤, 영혼의 괴로움, 혼돈 등으로 불렀다. 더 직접적으로는 "검은 까마귀"라고 표현했다. 오늘날 우리에게 까마귀는 그저 웃기는 우화처럼 보이지만, 중세의 연금술사들에게 까마귀는… 잘 알려진 악마의 상징이었다.[15]

Numinous
누미노제

깊은 정서적 공명을 가진 사람, 사물 또는 상황을 묘사하며, 심리적으로 자기the self의 경험과 연관됨.

누미노시티numinosity처럼 누미노제는 라틴어 누미노섬numinosum에서 유래했고, 의식적 의지와는 무관한 역동적인 작용이나 효과를 의미한다.

> 종교적 가르침과 **보편적 합의***consensus gentium*는 언제 어디서나 이러한 경험을 외적 원인에서 기인한다고 설명한다. **누미노섬***numinosum*은 눈에 보이는 대상에 속한 특성이거나 의식의 특별한 변화를 일으키는 보이지 않는 존재의 영향이다.[16]

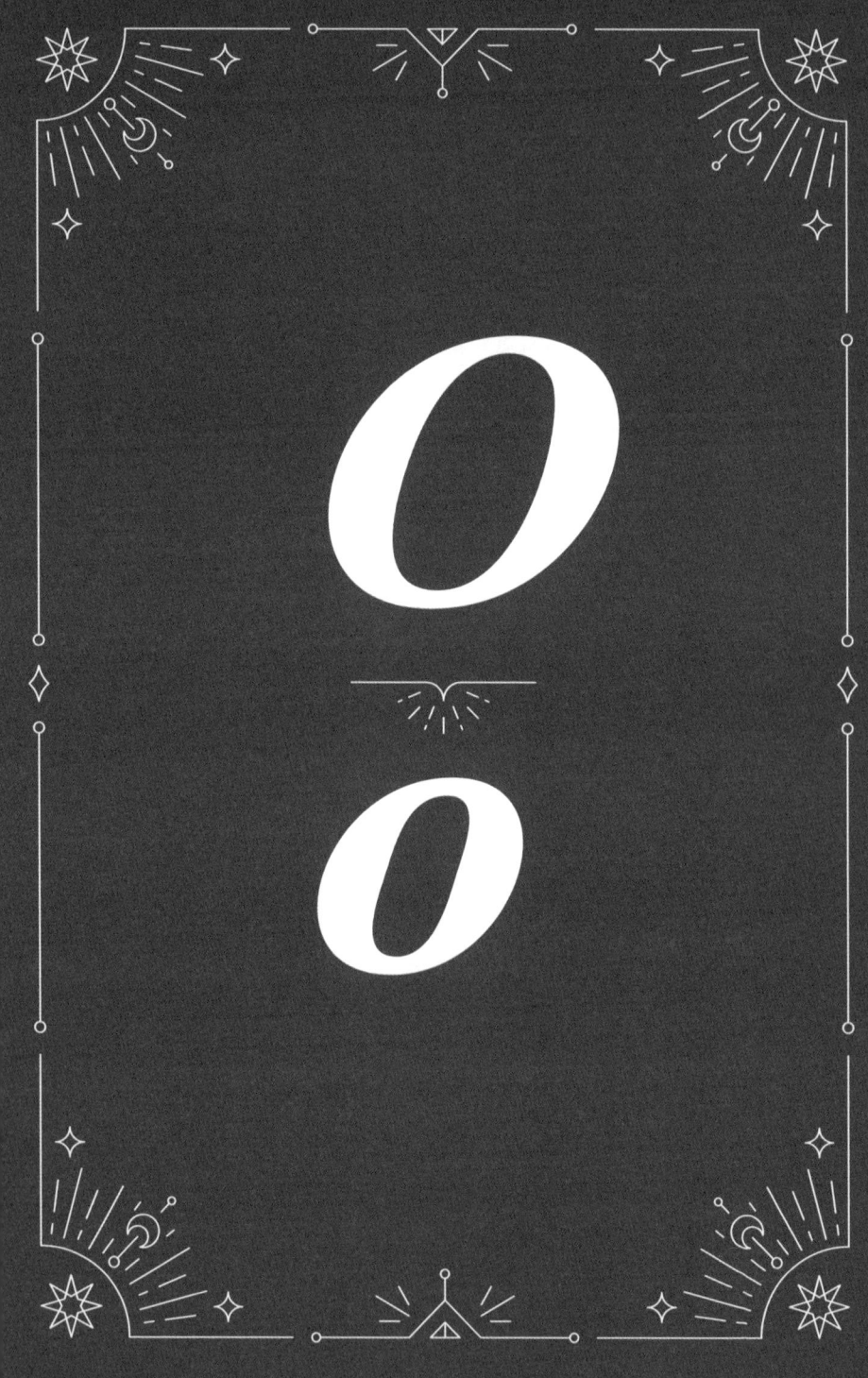

Objectification
객관화

자아를 타인과 무의식의 내용으로부터 분화하는 과정.

- **active imagination** (적극적 명상)을 참조.

이 목표는 개인이 더 이상 자신의 행복이나 삶의 보장을 외부 요인들, 즉 사람, 아이디어, 환경 등에 두지 않도록 대상에서 의식을 분리하는 것이다. 그러나 모든 것이 자신이 보물을 거머쥐고 있는지 아닌지에 달려 있음을 깨닫게 된다. 만일 이 황금의 소유를 깨닫는다면, 무게 중심은 더 이상 자신이 의존하는 대상에 있는 것이 아니라 자신에게 있다.[1]

융은 전통적으로 "보물"은 신성한 인물들에게 투사됐지만 많은 현대인은 더 이상 이런 역사적 상징에서 만족을 찾지 못한다고 지적한다. 그러므로 그들은 개인적 콤플렉스와 원형 이미지에 "형상을 주는" 개인적인 방법을 발견할 필요가 있다.

> 그들은 형상form을 취해야 하기에, 그들 고유의 삶을 살아야 한다. 그렇지 않으면 각자에게 정신의 필수 기능[보상]이 작동해서, 이 사람은 신경증적이고 방향감각을 상실하고 자신과 갈등을 빚는다. 그러나 만일 이 사람이 초개인적인 이미지를 객관화할 수 있고 이들과 관계를 맺을 수 있다면 그는 의식의 여명기부터 종교가 다루어 왔던 생생한 심리적 기능과 만나게 된다.[2]

Objective Level
객관 단계

외부 세계의 사람이나 상황을 참조하여 꿈과 환상 속 이미지의 의미를 이해하는 접근 방식.

- **reductive**(환원적인) 참조. **constructive**(건설적인)과 **subjective level**(주관 단계)과 비교.

프로이트의 꿈 해석은 거의 전적으로 객관적인 층위다. 왜냐하면 꿈의 소망wishes은 실제 대상을 언급하거나 생리적, 초심리적extra-psychological 영역에 속하는 성적 과정sexual processes을 언급하기 때문이다.[3]

비록 융이 상징적 의미를 중시하는 주관적 차원에서 꿈 해석의 가르침을 개척했지만, 여기에 더해 객관적 접근의 가치 또한 인식했다.

주관적 차원에서 해석하는 것으로 깨달음이 생길 수 있지만… [꿈의 배경에 있는] 갈등의 원인과 내용이 매우 중요한 관계라면 전혀 쓸모 없을 수도 있다. 여기서 꿈의 형상은 실제 대상과 관련되어야 한다. 언제나 그 기준은 의식적인 자료에서 발견할 수 있다.[4]

Objective Psyche
주관적 정신

- **collective unconscious**(집단 무의식) 참조.

Opposites
대극

심리적으로 자아와 무의식.

♦ **compensation**(보상), **conflict**(갈등), **progression**(전진), **transcendent function**(초월적 기능)을 참조.

대극의 분화 없이 의식은 없다.[5]

자아와 무의식의 갈등에서 어느 정도 진행되지 않는 인간 비극의 형태는 거의 없다.[6]

의식적 마음에 어떤 태도가 존재하든, 어떤 심리적 기능이 우세하든, 무의식에는 대극이 존재한다. 이 상황이 삶의 전반기에 위기를 촉발하는 경우는 드물다. 그러나 의식적 태도의 편향성과 막힌 에너지 때문에 교착상태에 다다른 장년층의 경우, 억압되어 있던 심리적 내용을 밝히는 것이 필요하다.

> 대극의 긴장을 만들기 위해 억압된 내용은 의식화해야 하는데, 이렇게 하지 않으면 앞으로 나아갈 수가 없다. 의식적인 마음이 맨 위에, 그림자는 그 아래에 있다. 그리고 언제나 위는 아래를, 뜨거운 것은 찬 것을 갈망한다. 마찬가지로 이에 대해 알아차리지 못했더라도, 의식은 늘 무의식의 대극을 추구하는데, 이것이 결핍되면 정체, 혼잡, 무감각화ossification에 놓일 수밖에 없다.[7]

이 과정이 보상작용을 활성화하여 결국 통합적인 "제3요소", 즉 초월적 기능으로 이어진다.

O

Opposites
대극

대극의 충돌에서 무의식은 언제나 비이성적인 제3요소를 창조하는데, 이는 의식이 예상하거나 이해하지 못한다. 그것은 단순한 "예"도, 단순한 "아니오"도 아닌 형태로 나타난다.[8]

융은 성격의 잠재적인 재탄생을 물리학의 엔트로피의 원리에 따라 설명했다. 이 원리에 따르면, 상대적으로 닫힌 시스템에서 에너지의 변환이 일어나고, 이는 강도의 차이로만 가능하다.

심리적으로 우리는 이런 과정이 지속적이며 비교적 불변하는 태도의 발전에서 작동하는 것을 볼 수 있다. 최초에 격렬한 진동이 발생하지만, 결국 대극은 서로를 대등하게 만들고, 점차 새로운 태도가 발달한다. 최종 안정성은 최초의 차이가 클수록 더욱 강해진다. 대극의 긴장이 크면 클수록, 여기서 나오는 에너지가 더 커질 것이다…. 그리고 이전에 포진된 물질과의 마찰로 인해 발생할 수 있는 차후 혼란의 가능성은 줄어든다.[9]

의식과 무의식 사이에 어느 정도의 긴장은 피할 수도 없거니와 필요하다. 따라서 분석의 목표는 긴장을 해소하는 것이 아니라 오히려 긴장이 정신의 자기조절에 어떤 역할을 하는지 이해하는 것이다. 또한 무의식적 내용을 통합함으로써 자아가 이전에 무의식적이었던 내용에 대해 책임을 지게 된다. 그러므로 의심의 여지 없이 그 누구도 완전히 평화로울 수는 없다.

> 통합된 성격은 내재된 불화로 인한 고통스러운 감각을 결코 잊지 않을 것이다. 세상의 고통에서 완전히 구원받는 것은 환상illusion이고, 그래야만 한다. 그리스도의 지상의 삶도 만족스러운 지복이 아니라 십자가에서 끝났다.**10**

나아가 융은, 개인적 차원에서 대극의 문제를 다루려는 사람은 누구라도 세상의 평화에 중요한 기여를 하고 있다고 믿었다.

> 심리학적 법칙에 따르면, 내면의 상황이 의식되지 않으면 이는 외부에서 운명으로 드러난다. 다시 말해 개인이 분리되지 않은 채 자기 내면의 대극을 의식하지 못하면, 세상은 마지못해 갈등을 외부로 드러내고 대극의 반으로 쪼개진다.**11**

Orientation
방향잡기, 지향

개인적인 태도나 관점을 지배하는 일반 원칙을 나타내는 데 사용하는 용어.

개인의 심리적 지향은 현실을 어떻게 보고 해석하느냐에 따라 결정된다. 융의 성격유형 모델에서, 사고 태도는 논리의 원칙에 따라 방향을 잡고, 감각 태도는 확고한 사실을 직접 인식하느냐

Orientation
방향잡기, 지향

에 따라 방향을 잡는다. 직관은 미래의 가능성에 따라, 감정은 주관적인 가치에 따라 방향을 잡는다. 이들 각각의 태도는 내향적이거나 외향적인 방식으로 작동할 수 있다.

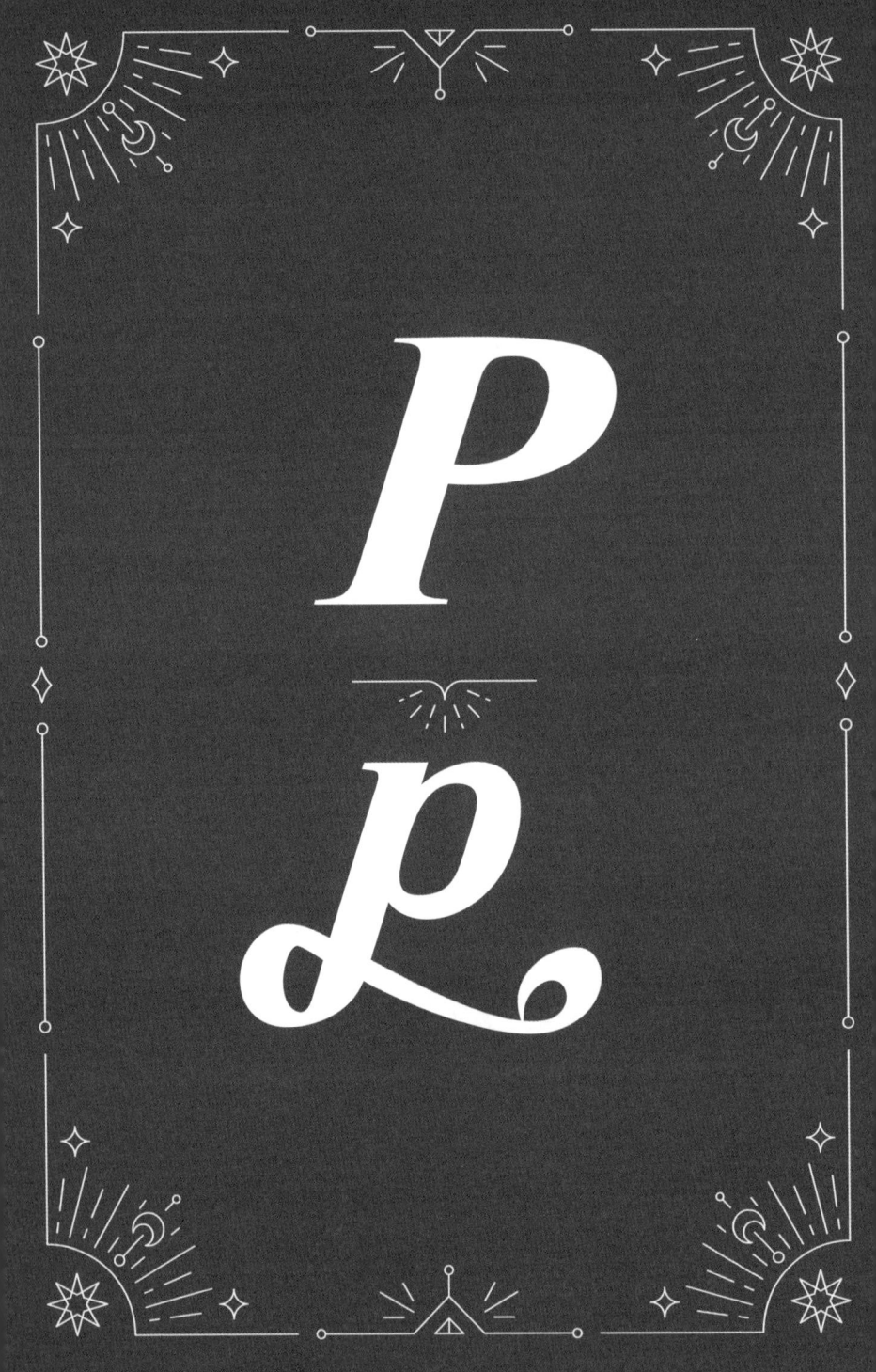

Parental Complex
부모 콤플렉스

부모와 관련해 정서적으로 연결된 이미지와 아이디어의 집합.

◆ **incest**(근친상간) 참조.

융은 자신의 부모를 둘러싼 신비감이 다소 마법 같은 부모의 영향력 때문에 드러나는 것으로 보이지만, 대부분은 각자의 정신에 자리 잡은 원초적 부모 primordial parents의 원형 이미지에 기인한 것이라 믿었다.

> 현대 심리학이 '부모 콤플렉스'에 중요성을 부여하는 이유는 원시인이 선조 영혼에서 위험성을 경험한 일이 오늘날까지 이어져 왔기 때문이다. 심지어 영혼이 외부 세계의 실체라 추정하는 판단 오류는 실제 부모가 부모 콤플렉스에 책임이 있다는 (이는 단지 부분적으로만 진실이지만) 우리의 추정으로 이어진다. 프로이트 정신분석의 오래된 트라우마 이론에서, 그리고 다른 분야에서도 마찬가지로, 이 가정은 심지어 과학적 설명으로까지 나아갔다(바로 이 혼란을 피하려고 내가 "부모의 이마고 parental imago"라는 용어를 옹호했다).[1]

부모의 이마고는 개인의 정신에서 개인적인 부모와의 경험으로 만들어진 이미지와 이미 존재하는 집단적 요소들로 구성된다.

> 이미지는 무의식적으로 투사되고, 부모가 죽을 때 투사된 이미지는 마치 그 자체로 존재하는 영혼처럼 계속 작동한다. 그러면 원시인은 밤에 돌

아오는 부모의 영들(망령)이라 이야기하는 반면, 현대인은 이를 부성 또는 모성 콤플렉스라고 부른다.**2**

긍정적이든 부정적이든 부모와 닮는 것이 자식이 사랑받는 결정적 역할로 작용한다면, 부모의 이마고로부터의 해방, 즉 어린 시절로부터의 해방은 완전히 이루어질 수 없다.**3**

Participation Mystique
신비적 참여, 신비한 관계

인류학과 원시 심리학 연구에서 유래한 용어로, 주체와 객체 사이의 신비적 연결이나 동일시를 뜻함.

◆ **archic**(고태적), **identification**(동일시), **projection**(투사)도 참조.

[신비적 참여]는 주체가 객체와 명확히 자신을 구별할 수는 없으나, 직접적인 관계로 묶여 부분적으로 동일성을 이루는 상태를 뜻한다…. 문명인 사이에서 이는 대체로 사람들 간에 나타나며, 드물게는 사람과 사물 간에 나타나기도 한다. 전자의 경우는 전이의 관계다…. 후자의 경우 사물 자체나 사물에 대한 아이디어를 자신과 동일시하거나, 사물 일부가 사람에게 이와 비슷한 영향을 미칠 때를 뜻한다.**4**

[정체성]은 원시 정신의 특징이며 **신비적 참여**의 실질적 토대다. 이는 주체와 객체가 미분화해 구별하지 못하는 상태로, 원시적 무의식 상태의 흔적으로 남아 있다. 또한 이런 특징은 유아기 초기의 정신상태에서도 두드러지고, 결국 문명화된 성인

의 무의식에서도 나타난다.[5]

Persona

페르소나

우리가 외부 세계에 드러내는 "나", 대체로 자신의 이상적인 측면.

페르소나는… 적응이나 개인적 편의성 때문에 존재하는 기능적 콤플렉스다.[6]

페르소나는 실제로는 자신이 아니지만, 자신뿐 아니라 타인까지도 이런 사람이라 생각하는 것이다.[7]

페르소나라는 용어는 본래 배우들이 연기하는 역할을 나타내기 위해서 쓰는 가면을 의미했다. 이 차원에서 페르소나는 타인과 어울릴 때 보호막이자 자산이 되기도 한다. 문명사회에서는 사람들 사이의 상호작용이 페르소나에 크게 좌우된다.

실제로 페르소나가 발달하지 못한 사람이 있기는 하다…. 이곳저곳에서 연이은 실수를 남발하고, 완벽하게 무해하고 순진하지만, 다소 답답하게 느껴지며, 관심을 끌려는 아이들이 그렇다. 여성의 경우, 서툰 태도 때문에 '유령 카산드라'라고 여겨져 두려움을 주게 되며, 평생 오해받고 자신이 무엇을 하고 있는지도 알아채지 못한 채 살아간다. 이들은 실수를 저질러도 언제든 용서를 당연

Persona
페르소나

히 여기며, 세상에는 눈멀어 있고, 희망 없는 몽상가로 살아간다. 이들에게서 우리는 발달하지 못한 페르소나가 어떻게 영향을 미치는지 알 수 있다.[8]

페르소나는 자아에서 분화되기 전에는 개인 individuality으로 경험된다. 하지만 한편으로 사회적 정체성으로, 다른 한편으로는 이상적인 이미지로 작용하기에, 페르소나에 개인은 거의 없다.

용어가 암시하듯, 페르소나는 단지 집단적 정신의 가면일 뿐이다. **개성을 가장하는** 가면을 쓰고 자신과 타인에게 개인이라고 믿게 만들지만, 실상 당사자는 단순히 집단정신이 말하는 역할을 연기할 뿐이다.

페르소나를 분석할 때 우리는 가면을 벗겨내고, 개인적으로 보였던 것이 실제로는 집단적이었음을 발견한다. 바꿔 말해, 페르소나는 집단정신의 가면일 뿐이었다. 본질적으로 페르소나는 실재하는 것이 아니라, 어떤 모습으로 보여야 할지에 대해 개인과 사회가 타협한 결과물이다. 사람은 이름을 갖고, 직위를 얻고, 특정 임무를 수행하면서 이러저러하게 보이는 인물이 된다. 이 모든 것이 어떤 면에서는 실제일 수 있지만, 본질적인 개성을 기준으로 보면 부차적인 현실일 뿐이다. 또한 이렇게

타협하는 과정에서 종종 자기 자신보다는 타인이 더 큰 영향을 미친다.**9**

페르소나를 심리적으로 외부 세계에 대한 관계의 기능으로 이해하면, 당사자의 의지에 따라 사실처럼 추정하기도 하고 벗어 던져버릴 수도 있다. 그렇지만 특정한 페르소나에 보상을 줌으로, 외부 세계는 그 페르소나와 동일시하도록 유도한다. 돈, 존경, 권력은 사회적 역할을 외곬으로 잘 수행하는 사람에게 주어진다. 유용한 편의성에서 출발한 페르소나는 덫이 되거나 신경증의 원인이 될 수도 있다.

> 사람은 누구나 자신을 버리고 인위적인 페르소나를 선택하려면 그에 따르는 대가를 치르게 된다. 심지어 이렇게 하려는 시도조차, 대개 나쁜 기분, 정동, 공포, 강박관념, 퇴행적 악덕 등의 형태로 무의식적 반응을 일으킨다. 사회에서 '강한 사람'으로 인정받는 사람은 사생활에서는 종종 자신의 감정 상태가 그저 어린아이에 불과한 경우도 있다.**10**

예의범절과 바른 품행에 대한 요구는 가면이 씌워지는 추가 유인책이 된다. 가면 뒤에서 벌어지는 일은 소위 "은밀한 사생활private life"이라 불린다. 고

Persona
페르소나

통스럽게 익숙한 이 의식의 분열은, 종종 터무니없이 다른 두 형태로 나뉘는데, 이는 무의식에 반드시 파급효과를 일으키는 날카로운incisive 심리적 활동이다.**11**

페르소나와 동일시할 때 나타나는 결과는 다음과 같다. 우리는 보호막 없이 자신이 누구인지를 잊게 된다. 우리의 반응은 집단의 기대에 맞게 이미 결정이 나 있다(페르소나가 행하고, 생각하고, 느껴야 한다는 방향에 따라 우리는 행하고 생각하고 느끼게 된다). 가까운 사람들은 우리의 정서적 거리감에 대해 불평하고, 가면이 없는 삶은 상상할 수 없다.

자아 의식이 페르소나와 동일시될 정도로 내면의 삶이 무시(그림자, 아니마/아니무스로 의인화)되면 보상작용이 활성화된다. 신경증의 특징적 증상으로 겪는데, 그 결과 개성화 과정이 자극될 수 있다.

> 결국 페르소나를 선택하고 설명하는 과정에는 개인적인 요소가 있다…. 자아의식이 페르소나와 완전히 동일시되더라도 무의식적 자기self, 즉 진정한 개별성은 항상 존재하며, 직접적이든 간접적이든 느껴진다. 자아의식은 처음에는 공동체 앞에서 우리가 연기하는 보상적인 역할을 하는 페르소

나와 동일시되지만, 무의식적 자기는 절대 완전히 억압되지 않는다. 그 영향은 주로 의식과 대조되는 방식과 보상적인 내용을 통해 드러난다. 의식적 사고가 완전히 개인적인 태도를 취하면 무의식이 여기에 반응한다. 이러한 반응은 개인적 억압과 어우러져 개인 발달을 위한 씨앗을 품는다.**12**

Personal Unconscious
개인 무의식

집단 무의식collective uncons-cious과 완전히 다른, 개인적 층위의 **무의식**unconscious.

개인 무의식은 잃어버린 기억, 억압된 고통스러운 (즉 고의로 망각한) 아이디어, 의식에 도달하기에는 강도가 부족했던 감각 지각sense-perception(잠재적 인식), 아직 의식할 정도로 무르익지 않은 내용들을 포함한다.**13**

Personality
인격

세상에 기능하는 영혼의 측면.
◆ **individuality**(개성) 참조.

인격 발달을 위해서는 집단적 가치, 특히 페르소나로 구현되고 고수하는 가치와 차별화해야 한다.

환경이 바뀌면 성격도 현저히 변하면서, 각각 이전과는 뚜렷히 구별되는 성격이 드러난다…. 사회적 성격은 한편으로 사회의 기대와 요구에 따라, 다른 한편으로 개인의 사회적 목표와 열망에 따라 형성된다. 반면 가정적인 성격은 대체로 정서적 요구, 안정, 편의를 위해 태연히 수긍하는 태도로 형성된다. 공적 생활에서 극도로 활기차고, 기백이 넘치며, 고집스럽고, 강인하고, 무자비한 사람들이 가정에서 가족의 품에 있을 때는 종종 온화하고, 부드럽고, 순응적이며, 심지어 약해 보이기도 한다. 과연 어느 쪽이 진정한 성격이고 진짜 인격인가?…

…내 생각에 위 물음에 대한 답은, 이런 사람은 진정한 성격이 없다고 봐야 한다. 이 사람은 개인적 존재가 아니라 집단적 존재이며, 상황과 일반적 기대에 휘둘리는 장난감이다. 이 사람이 개인적이었다면 태도가 변하더라도 성격은 그대로였을 것이다. 이 사람은 순간순간의 태도에 휘둘리지 않고 다른 상태와 마찬가지로 자신의 개성을 분명하게 드러냈을 것이다.[14]

Personification
의인화

심혼적 내용이나 콤플렉스가 자아와 달리 뚜렷한 인격을 띠는 경향.

모든 콤플렉스는, 심지어 상대적으로 자율적인 콤플렉스는 인격으로 나타나는 특성, 즉 의인화하는 경향이 있다. 이는 '자동 글쓰기' 같은 소위 영적 표현에서 가장 두드러지게 관찰된다. 쓰인 문장은 항상 개인적 진술이고, 1인칭 단수 형태로 제시되는데, 마치 모든 발언 뒤에 실제 인격이 있는 것처럼 보인다. 순진한 사람은 이를 영혼이라 여길 수도 있다.[15]

자아는 무의식에서 떠오르는 생각과 그로 인해 생겨난 감정을 스스로 의인화해, 적극적 명상 기법을 통해 의식과 무의식 사이의 의사소통을 촉진할 수 있다.

Philosophers' Stone
현자의 돌, 철학자의 돌

연금술에서 보통 금속을 금으로 성공적으로 변환transmutation하는 은유. 심리적으로는 **온전성**wholeness의 원형 이미지.
◆ **coniunctio**(결합, 융합) 참조.

융이 현자의 장미원Rosarium Philosophorum에서 인용했다.

> 남자와 여자로 둥근 원을 만들고, 거기서 사각형을 추출해 삼각형을 만들어라. 원을 둥글게 만들면 철학자의 돌을 얻게 된다.[16]

Posession
포제션, 빙의

의식이 무의식적 내용이나 **콤플렉스와 동일시**되는 것을 설명하는 용어.

가장 흔한 빙의의 형태는 그림자와 반대되는 성 콤플렉스인 아니마/아니무스에 사로잡히는 것이다.

> 그림자에 빙의된 사람은 언제나 자신의 빛을 가리며 자기 함정에 빠진다. 가능하면 타인에게 악감정을 사게 한다⋯.
> 아니마나 아니무스가 만든 빙의는 서로 다른 모습을 보인다⋯. 빙의 상태에서는 두 인격(아니마와 아니무스) 모두 그들의 매력과 가치를 잃어버린다. 그들이 세상을 등지고 내향적인 상태가 되면, 즉

무의식으로 건너는 다리 역할을 할 때만 그 가치를 유지한다. 세상을 향해 나아가는 아니마는 변화무쌍하고, 변덕스럽고, 기분에 사로잡히고, 통제되지 않으며, 때로는 악마적 직관을 가진 것처럼 보이기도 하고, 무자비하고, 악의적이고, 진실하지 않고, 이중적이며, 신비로운 재능을 보인다. 아니무스는 고집이 세고, 원칙을 고수하며, 강압적으로 말하고, 독단적이며, 세상을 바꾸려 들고, 이론적이고, 헛된 말을 사용하고, 논쟁적이며, 지배적이다. 둘 다 나쁜 취향을 가지고 있다. 아니마는 열등한 사람들에게 둘러싸여 있게 하고, 아니무스는 열등한 사고에 빠져들게 만든다.[17]

Power Complex
권력 콤플렉스

개인적 자아의 우월성으로 모든 영향과 경험을 예속시키려는 태도와 관련된, 감정적으로 강렬한 아이디어의 집합.

Prima Materia
원질료

"원래의 물질"을 의미하는 연금술 용어로, 심리학에서는 생명의 본능적 토대와 분석으로 작업하는 원재료(꿈, 정서, 갈등 등)를 나타내기 위해 사용.

Primary Function
주기능

가장 분화된 심리적 기능.

♦ **inferior function**(열등기능)과 비교.

융의 유형학 모델에서, 주기능 혹은 우월기능은 가장 자연스럽게 주어지기 때문에 우리가 자동으로 사용하는 기능이다.

> 경험에 따르면 일반적으로 불리한 상황으로 인해, 자신의 모든 심리적 기능을 동시에 발달시키는 것은 현실적으로 불가능하다. 사회의 요구는 인간이 가장 본질적으로 잘 갖춰진 기능, 또는 가장 큰 사회적 성공을 보장해 줄 기능 분화를 위해 적응하도록 몰아붙인다. 보통은 사람이 가장 선호하고 발달하는 기능은 어느 정도는 완전히 동일시된다. 이는 다양한 심리적 유형을 만들어 낸다.[18]

사고, 감정, 감각, 직관의 네 기능 중 어느 것이 주기능인지 결정할 때는 어느 기능이 의식적으로 거의 완전히 통제되고 있는지, 어느 기능이 무작위적이거나 임의적 특성이 있는지 면밀히 관찰해야 한다. 우월기능(내향적이나 외향적 방식으로 드러남)은 언제나 유아적이고 원시적인 특질을 가진 다른 기능들보다 더 많이 발달했다.

> 우월기능은 언제나 의식적 성격, 즉 목표, 의지, 일반적 성과의 표현인 반면, 덜 분화된 기능은 단순히 "일어나는happen" 일의 범주에 속한다.[19]

Primitive
원시적인

본래의 또는 미분화된 인간 정신에 대한 서술.
- **archaic**(고태의) 참조.

나는 "태고의primordial"라는 의미로 "원시적primitive"이라는 용어를 사용하며, 여기에 어떤 가치 판단도 들어가지 않는다. 또한 원시 상태의 "자취vestige"라고 말할 때도 이 상태가 조만간 끝날 것이라는 의미가 아니다. 오히려 인류가 지속되는 한 이 원시적 상태의 자취는 남을 것이다.[20]

Primordial Image
태고적 이미지

- **archetypal image**(원형 이미지) 참조.

Progression
진전

심리적 적응 과정에서 지속적으로 발전하는 상태로, **퇴행**regression의 반대.
- **neurosis**(신경증) 참조.

진전은 시간이 흐르듯 삶이 앞으로 나아가는 움직임이다. 이 움직임은 두 가지 다른 형태로 나타날 수 있는데, 외향적이거나 내향적이다. 전자의 경우, 진전은 대상이나 환경 조건에 우세하게 영향을 받으며 진행된다. 후자의 경우는 자아(또는 좀 더 정확하게는 '주관적 요소')의 조건에 적응해야 한다. 마찬가지로 퇴행regression도 두 가지 형태로 진행된다. 외부세계로부터 후퇴(내향화)하거나, 외부세계의 과도한 경험으로 도망친다(외향화). 전자가 실패할 경우 우울한 상태로 침잠하고, 후자가 실패한다면 결국 방탕한 삶을 살게 된다.[21]

정상적인 삶의 경로에서는 상대적으로 리비도

의 진전이 쉽다. 에너지는 어느 정도 의지에 따라 조절될 수 있는데, 이는 심리적 발달이나 개성화와는 다르다. 진전은 단지 삶의 영속적 흐름과 현재의 삶을 말할 따름이다. 이 흐름은 주로 갈등이나 변화하는 환경에 대한 적응 실패로 인해 중단되곤 한다.

> 리비도의 진전이 일어나는 동안, 대극의 쌍은 심혼적 과정이 조화롭게 흐르도록 결합한다…. 그러나 더 이상 진전할 수 없어 리비도가 멈추면, 긍정과 부정은 더 이상 조화롭게 작용해 결합되지 못한다. 양측이 동일한 가치에 도달해 저울이 평형을 유지한다.[22]

대극 사이의 분투는 리비도가 후퇴하는 퇴행 과정이 개입하지 않는 한, 끊임없이 이어질 것이다. 이 과정의 목적은 의식적 태도를 보완하려는 것이다.

> 대극이 충돌하면서 점차 영향을 덜 받게 되고 힘을 상실한다…. 의식적으로 대극의 가치가 줄어들면, 외적 적응과 무관하게 심혼적 과정psychic process의 가치는 커진다. 이 과정은 거의 의식되지 않거나 활용되지 않는다. [23]

이전에 무의식적이던 심혼적 과정의 에너지가 증가함에 따라, 이는 의식적인 행동장애와 신경증적 증상으로 나타난다. 그러면 자각해야 하는 정신의 중요한 요소가 있는데, 바로 페르소나, 반대 성 콤플렉스(아니마/아니무스), 그림자다.

Projection 투사

자신의 무의식에 있는 내용을 타인에게 있는 것이라 인식하는 자동적인 과정.

◆ **archaic**(고태의), **identification**(동일시), **participation mystique**(신비적 참여) 참조.

세상은 우리가 보는 그대로라고 추정하는 경향이 있듯이, 순진하게도 우리는 사람들이 우리가 상상하는 대로 있으리라고 추정한다…. 우리는 무의식에 있는 내용 전부를 끊임없이 주변 세계에 투사한다. 그래서 특정 대상의 속성을 투사하거나 이마고로 인식해야만, 대상의 실제 속성을 구별해 낼 수 있다…. 좀 가감해서(Cum grano salis), 우리는 언제나 상대방에게서 우리 자신이 인정하지 않는 실수를 발견한다. 우리가 하는 개인적 다툼에서 쉽게 찾을 수 있다. 우리가 비범한 수준으로 자기 인식을 갖추지 못한다면, 우리는 절대 우리가 하는 투사를 꿰뚫어 보지 못할 것이고, 결국 투사한 내용을 실제처럼 받아들일 수밖에 없다. 자연 상태에서 마음은 이러한 투사를 전제로 하기 때문이다. 무의식의 내용을 투사하는 것은 지극히 자연스럽고 당연한 일이다.[24]

투사는 주관적 내용을 대상에 방출하는 것을 뜻

하며, 내사introjection와 반대되는 개념이다. 투사는 이화dissimilation 과정으로, 이를 통해 주관적 내용이 주체에서 소외되어 대상의 일부처럼 여겨진다. 주체는 고통스럽고 양립할 수 없는 내용을 타인에게 투사함으로써 제거해 버린다.**25**

투사는 의식적인 과정이 아니다. 투사를 맞닥뜨리는 것이지 의도해서 만들어 내는 것이 아니다.

> 일반적으로 투사를 하는 심리적 이유는 언제나 표현하고자 하는 활성화된 무의식에 있어서다.**26**

누군가 전혀 가지고 있지 않은 특정한 특질을 타인에게 투사할 수도 있지만, 투사받는 존재가 무의식적으로 부추길 수도 있다.

> 대상이 투사의 빌미를 주고 심지어 투사를 하도록 유혹하는 일이 빈번히 일어난다. 이는 일반적으로 대상 자신(또는 자신)의 특정한 특질을 알아차리지 못할 때에 발생한다. 이러면 투사하는 사람의 무의식에 직접 작용한다. **모든 투사는 결국 대상이 투사된 특질을 인식하지 못할 때 역투사**counter-projection**를 유발한다.27**

투사를 통해 사람은 외부세계와 거의 무관하거

Projection   투사

나 완전히 동떨어진 일련의 상상의 관계를 창조해 낼 수 있다.

> 투사의 효과는 주체를 현실과 단절시키는 것인데, 대상에 대한 실제 관계 대신 환상illusory에 불과한 관계만 맺기 때문이다. 투사는 세상을 자신이 알지 못하는 얼굴의 복제품으로 바꾼다. 결국 자폐적이거나 자기애적 조건으로 이어지는데, 여기서 주체는 영원히 도달할 수 없는 현실을 꿈꾼다.[28]

투사는 긍정적인 효과도 있다. 일상에서 투사는 대인관계를 원활하게 한다. 덧붙여, 타인에게서 어떤 특질이나 특성이 엿보인다고 추정했다가 경험을 통해 그렇지 않다는 것을 알아내면, 우리 자신에 대해 배울 수 있다. 이는 투사를 철회하거나 사라지는 것과 관련된다.

> 리비도를 이런 투사에 동의하고 편리한 세상을 향한 다리로 사용하는 한, 이는 삶을 긍정적으로 변화시킬 수 있다. 그러나 리비도가 다른 길을 모색하려 하고, 이를 위해 이전의 투사 다리를 따라 되돌아가면, 이는 상상할 수 있는 가장 강력한 장애물이 된다. 이들이 이전의 대상에서 실질적으로 분리되는 것을 어렵게 만들어, 여전히 결속을 유지하려 하기 때문이다.[29]

일반적으로 인간관계에서 기대가 좌절될 때, 이에 따라 강렬한 감정이 뒤따를 때 투사를 철회해야 한다. 특히 강렬한 감정이 생길 때 신호로 나타난다. 그러나 융은 우리가 상상하는 진실과 우리가 마주하는 현실 사이에 뚜렷한 차이가 드러나기 전까지는 투사를 논할 필요도 없고, 이를 철회할 필요는 더욱 없다고 믿었다.

> 투사는… 오직 대상과의 동일시가 해소되어야 할 때만 적절하다. 동일시가 방해 요인이 될 때, 즉 투사된 내용이 없어서 적응에 방해될 때, 투사를 자신에게서 철회하는 것이 바람직해졌을 때 동일시를 해소할 필요가 생긴다. 이 순간부터 이전에 하던 부분적 동일시는 투사의 성격을 띤다. 그러므로 투사라는 용어는 드러난 동일시 상태를 의미한다.[30]

융은 수동적passive 투사와 적극적active 투사를 구분한다. 수동적 투사는 사랑에 빠지는 것처럼 완전히 자동적이고 의도하지 않은 것이다. 타인에 대해 아는 바가 적을수록, 우리 자신의 무의식적 측면을 상대에게 수동적으로 투사하기 쉽다.

적극적 투사는 공감으로 더 잘 알려져 있는데, 우리가 상대방의 입장이 되어보는 것이다. 자신의 관점을 잃는 지점까지 확장되는 공감은 우리가 자신의 견지를 상실하면 동일시된다.

일반적으로 개인적 그림자가 투사되는 일은 동성에게서 나타난다. 집단적 차원에서는 전쟁, 희생양 만들기, 정치에서 정당 간에 대립을 낳는다. 테라피 관계의 맥락에서 일어나는 투사를 전이transference 또는 역전이countertransference라 하는데, 투사를 하는 당사자가 분석가인지 내담자인지에 따라 구분해 부른다.

반대 성 콤플렉스, 아니마와 아니무스 측면에서 발생하는 투사는 적대감의 공통된 원인이자 생명력의 두드러진 원천이다.

> 아니무스와 아니마가 만날 때, 아니무스는 힘의 검을 뽑고 아니마는 환상illusion과 유혹의 독을 내뿜는다. 결과가 항상 부정적일 필요는 없는데, 둘이 같이 사랑에 빠질 수 있기 때문이다.[31]

Provisional Life
잠정적인 삶

현재에 뿌리를 두지 않고 다소 상상imaginary을 토대로 삶에 대한 태도를 설명하는 데 사용하는 용어로, 주로 **푸에르**puer 심리학과 연관됨.

Psyche
정신

의식과 무의식을 포함하는 모든 심리적 과정의 전체성totality.

정신은 동질적인 무리와는 거리가 멀다. 그것은 모순되는 충동, 억제, 정동으로 끓고 있는 가마솥인데, 많은 사람은 이것들 사이의 갈등을 견딜 수 없어 신학자들이 설파하는 구원을 바랄 정도다.**32**

정신이 나타나는 방식은 개인의 나이, 성별, 유전적 성향, 심리적 유형과 태도, 본능에 대한 의식적 통제 정도 등 다채로운 요소의 복잡다단한 상호작용으로 결정된다.

> 심혼적 과정psychic processes은… 의식이 "미끄러지는" 저울처럼 작동한다. 어느 순간 본능 가까이에서 발견되어 그 영향력 아래 놓이고, 다른 순간에는 영spirit이 우세한 반대편으로 떨어져 가장 반대편에 있는 본능적인 과정을 동화하기도 한다.**33**

정신 현상의 엄청난 복잡성으로 인해 융은 정신에 대한 포괄적인 이론을 수립하려는 시도는 실패할 수밖에 없다고 믿게 되었다.

> 전제는 언제나 너무 단순하다. 정신psyche은 인간의 모든 경험의 출발점이며, 우리가 얻은 모든 지식은 결국 정신으로 돌아간다. 정신은 모든 인식의 시작이자 끝이다. 정신은 과학의 대상일 뿐 아니라 주체이기도 하다. 한편으로는 심리학이 과

학이 될 가능성에 대해 끊임없이 의심받지만, 다른 한편으로는 심리학이 미래 철학에서 가장 난제 중 하나가 될 이론적 문제를 진술할 권리를 얻는다.**34**

Psychic Energy
정신 에너지

◆ **libido**(리비도) 참조.

Psychization
정신화

본능이나 무의식적 내용을 의식화하는 성찰 과정.

Psychogenic
심인성

생리적 기원이라기보다는 심리적 원인인, 정신적 혼란에 관한 설명.

신경증이 **심인성**이라는 사실은 누구도 의심하지 않는다. "심인성Psychogenesis"이란 신경증의 본질적인 원인 또는 신경증이 발생하는 상태가 정신적psychic 특성 때문이라는 것을 의미한다. 예를 들어 정신적 충격, 매우 힘든 갈등, 잘못된 심리적 적응, 치명적인 착각 등이 될 수 있다.**35**

Psychoid
사이코이드

사실상 어떤 원형에도 적용되는 개념으로, 본질적으로는 알 수 없으나 경험할 수는 있는 정신과 물질 사이의 관계를 나타냄.

정신은 본질적으로 맹목적인 본능과 의지(선택의 자유) 사이의 갈등이다. 본능이 우세한 곳에 **사이코이드** 과정이 시작되는데, 그 과정은 의식할 수 없는 요소들로 무의식의 영역과 관련이 있다. 사이코이드 과정은 무의식 자체가 아니라, 훨씬 더 큰 확장성이 있기 때문이다.[36]

원형의 진정한 본성은 의식이 될 수 없는 듯 보이는데, 원형은 초월적이라고 생각하기 때문에 나는 사이코이드라 부른다.[37]

Psychological Types
심리적 유형들

◆ **type**(유형)과 **typology**(유형학) 참조.

Psychopomp
영매

무의식적인 내용을 의식에 매개하는 정신적 요소로, 종종 현자나 여성의 이미지로 의인화되기도 하고 때로는 이로운 동물로 의인화되기도 함.

Psychosis
정신병

인격의 극단적 해리 dissociation. 신경증처럼, 정신병 상태 psychotic condition가 무의식 내 콤플렉스의 활동과 분열 splitting 현상 때문에 일어남. 신경증에서 콤플렉스는 상대적으로 자율적이지만, 정신병에서는 의식과 완전히 단절되어 있음.

콤플렉스가 있는 것 자체는 정상이다. 그러나 콤플렉스가 공존할 수 없다면 의식적인 부분과 너무 반대되는 인격의 일부가 분리된다. 만일 이 분열 split된 부분이 유기적 구조에 달하면 해리라는 용어가 의미하듯이 정신병, 즉 정신분열증이다. 그러면 각 콤플렉스는 서로를 하나로 묶을 인격 personality이 남아 있지 않은 채 독자적인 존재로 살아간다.[38]

[조현병에서] 분리된 인물은 상투적이거나 터무니없거나 매우 과장된 이름과 캐릭터를 띠고, 종종 여러 면에서 불쾌하다. 게다가 이들은 환자의 의식에 협조하지 않는다. 이들은 요령도 없고 정서적인 가치도 존중하지 않는다. 오히려 이들은 언제든 침입하여 소란을 피우고, 시끄럽고 무례하게 행동하거나 기괴한 잔인함과 음란함 등 수백 가지 방법으로 자아를 괴롭히며, 모두 불쾌하고 충격적이다. 일관성이 없는 비전, 목소리, 캐릭터들의 혼란스러움은 압도적으로 이상하고 이해할 수 없는 성격을 띤다.[39]

융은 여러 정신병, 특히 조현병은 무의식적 내용의 맹공격에 저항하기에는 너무 취약한 자아와 **정신기능의 저하** abaissement du niveau mental 때문에 초래되는 심인성 질환이라 믿었다. 또한 생물학적 요인이 원인이 되는지에 대해서는 판단을 유보했다.

Puer Aeternus
푸에르 에테르누스, 영원한 소년

라틴어로 "영원한 아이eternal child"라는 뜻. 신화학에서 영원한 젊음을 유지하는 아이 신 child-god을 지칭하는 데 사용. 심리학적에서는 정서적 삶이 청소년기에 머물러 있고 어머니에게 지나치게 의존하는 성인을 가리킴.[40]

푸에르는 일반적으로 달아날 수 없는 상황에 휘말릴까 두려워 암시적인 삶을 살아간다. 푸에르의 삶은 거의 자신이 진정으로 원하는 것이 아니며 언젠가는 무언가를 하겠지만 아직은 때가 아닐 뿐이다. 미래를 위한 계획이 무엇일지, 무엇이 될 수 있을지에 대한 환상fantasy 속으로 달아나지만, 변화를 위해 결정적으로 행위하지 않는다. 독립과 자유를 갈망하고, 경계와 한계를 불편해하며 어떤 제한도 견디기 어려워하는 경향이 있다.

> [세상은] 남성에게 남성성, 열정, 무엇보다도 자신의 모든 것을 던져 넣어야 할 때 용기와 결단력을 요구한다. 이를 위해서는 어머니를 잊고 인생의 첫사랑을 포기하는 고통을 겪을 수 있는 불성실한 에로스가 필요했을 것이다.[41]

푸에르 심리학에서 흔한 증상들이라면 감옥에 갇히는 꿈이나 이와 비슷한 이미지가 꿈에 나타난다. 즉 사슬, 창살, 우리, 함정, 속박 등이다. 존재 자체, 실존적 현실을 감옥으로 겪는다. 창살

Puer Aeternus
푸에르 에테르누스, 영원한 소년

은 생애 초기 규제가 없는 자유로운 세상과 무의식적으로 연결되어 있다.

푸에르의 그림자는 세넥스^{senex}('노인'을 뜻하는 라틴어)인데, 아폴론 신과 관련이 있다. 즉 규율이 있고, 통제되며, 책임감 있고, 이성적이며, 질서정연한 특성과 연관된다. 반대로 세넥스의 그림자는 푸에르인데, 제한 없는 본능, 무질서, 도취, 즉흥성 등 디오니소스와 연관된다.

다른 패턴을 배제하고 한 패턴으로 살아가는 사람은 누구라도 반대 패턴이 포진되는 위험을 각오해야 한다. 그러므로 개성화 과정은 종종 잘 통제하고 사는 사람이 오히려 즉흥적이고 본능적인 삶에 더 가까워지는 성장 욕구가 필요하다.

> 남성에게 '영원한 소년'은 형언할 수 없는 경험이며 부조리이자 핸디캡인 동시에 신성한 특권이며, 인격의 궁극적 가치 및 무가치를 결정하는, 가늠하기 힘든 존재다.[42]

Quaternity
사위일체, 사위체

대게 정사각형 또는 원형과 대칭을 이루는 사중구조를 지니는 이미지로, 심리적으로는 **온전성**을 암시.

♦ **temenos**(테메노스) 참조.

사위일체는 가장 널리 퍼진 원형 중 하나이고 인간의 의식이 균형을 이루고 작용하는 방식을 이해하는 데 꽤 유용한 도식이라는 게 입증되었다.[1] 이는 마치 우리의 이해를 돕는 망원경에서 교차된 실crossed threads과 같다. 사위체 교차점으로 만들어진 십자가는 보편적인 상징일 뿐 아니라 서양인에게 가장 높은 도덕적, 종교적 의미를 지닌다. 마찬가지로 원은 완전성과 완전한 존재의 상징으로, 하늘, 태양, 신을 나타내는 유명한 표현이며 인간과 영혼의 원초적 이미지를 나타내기도 한다.[2]

원과 사위일체 모티프에서 기하학적으로 형성된 결정crystal과 기적을 일으키는 돌wonder-working stone의 상징이 유래되었다. 여기서 유추가 확장되어 도시, 성, 교회, 집, 그릇으로 이어진다. 또 다른 변형으로 바퀴rota가 있다. 전자의 모티프는 자기self라는 더 큰 차원에서 자아ego의 견제를 강조한다. 후자는 제의적인 순행으로 나타나는 회전을 강조한다. 심리적으로 이는 중심에 대한 몰입과 집착을 뜻한다.[3]

융은 의식적이든 꿈이나 판타지로든, 사위일체 이미지(만다라 포함)를 자발적으로 만드는 것은 무의식의 내용을 동화할 자아의 능력을 나타낼 수 있다고 믿었다. 그러나 이미지들은 본질으

Quaternity
사위일체, 사위체

로 액막이apotropaic, 즉 정신이 스스로 붕괴되는 것을 막으려는 시도일 수도 있다.

이러한 이미지는 본질적으로 우리가 결코 완전히 도달할 수는 없는, 온전성에 대한 기대일 뿐이다. 또한 환자 입장에서는 언제나 다음 단계에서 의식적으로 온전성을 깨달을 준비가 되어 있음을 나타내는 것만은 아니다. 종종 단순히 혼란상태를 일시적으로 보완하는 역할을 할 뿐이다.[4]

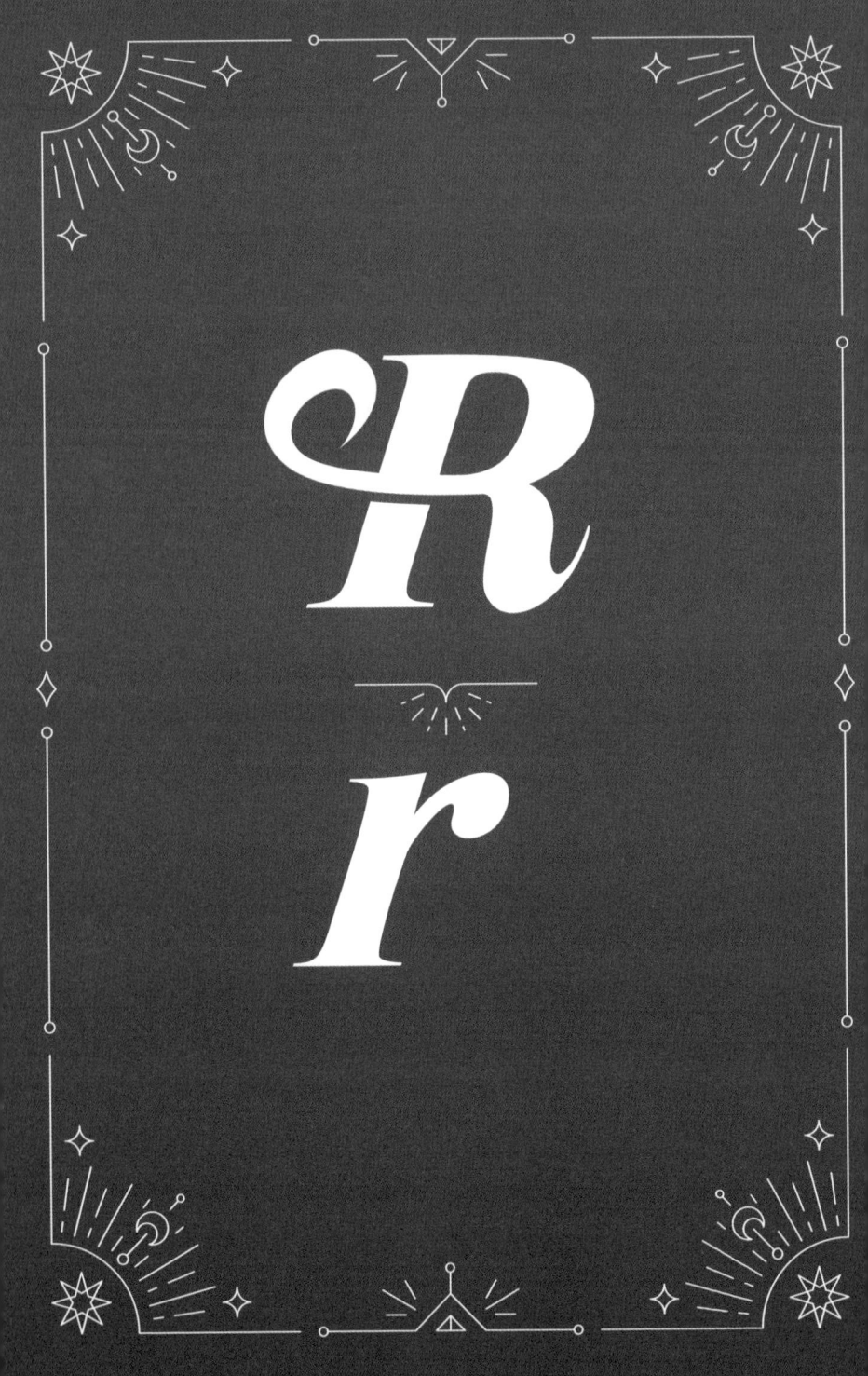

Rapport   라포

자신과 타인 사이의 호응감.

입장이 완전히 다른데도 다음과 같이 라포가 형성되는 경우가 빈번히 생긴다. 한쪽에서 언급되지 않는 투사를 통해, 상대방이 본질적으로 자신과 같은 의견이라 추정한다. 반면에 다른 쪽은 상대가 의식하지 못하는 객관적인 공통 관심사를 예측하거나 감지한다. 하지만 전자는 이를 전혀 인식하지 못하고 오히려 존재를 부정하려 한다. 마찬가지로 후자는 그 관계가 공통된 관점에 근거해야 한다는 생각을 전혀 하지 못한다. 이런 류의 라포는 가장 흔하다. 이는 상호 투사를 기반으로 하고, 결국 여러 가지 오해의 원천이 된다.[1]

Rational   합리적

이성에 부합하는 사고, 감정, 행동을 설명하며, 실질적인 경험에서 확립된 객관적 가치에 기반한 태도.

◆ irrational(비합리적)과 비교.

객관적 가치를 타당하다고 선언하게 만드는 합리적인 태도는 개별 주체의 작업이 아니라 인류사의 산물이다.

대부분의 객관적 가치와 이성 자체는 시대를 거쳐 전해 내려온 확고하게 확립된 아이디어의 복합체다. 수많은 세대가 동일한 필요성을 갖고 공동체에서 고투해 왔다. 생명체가 평균적으로 끊임없이 되풀이되는 환경 조건에서 반응해 왔고, 이 환경에 상응하는 기능적 콤플렉스로 노력했다. 이를테면 눈이 빛의 성질에 완벽하게 대응하는 것과 같다…. 그러므로 이성의 법칙은 평균적이고 "올바르게" 적응된 태도를 규정하고 지배하는 법칙이

다. 이 법칙에 부합하는 모든 것이 "합리적"이며, 이에 위배되는 모든 것은 "비합리적"이다.**2**

융은 사고기능과 감정기능을 이성적으로 설명했는데, 이는 결정적으로 성찰reflection에 영향을 받기 때문이다.

Rebirth   **재탄생**

인격의 재탄생이나 변화로 경험되는 과정.

◊ **individuation**(개성화) 참조.

재탄생은 어떻게든 관찰할 수 있는 과정이 아니다. 측정할 수도, 무게를 재거나 사진을 찍을 수도 없다. 이는 전적으로 감각의 인식sense perception을 넘어서는 것이다…. 재탄생을 말하고, 재탄생을 주장하고, 재탄생으로 가득 차 있다…. 우리는 정신적 현실psychic reality에 만족해야 한다.**3**

융은 재탄생을 다섯 가지 형태로 구분했다. 바로 **윤회**metem-psychosis(영혼의 환생), **환생**reincarnation(인간의 몸으로 다시 태어남), **부활**resurrection, **심리적 재탄생**psychological rebirth(개성화), **변화의 과정에 참여**함으로 일어나는 간접적 변화다.

융이 특히 초점을 맞춘 것은 심리적 재탄생이다. 의례로 유도되거나 즉각적인 개인의 경험에 따라 자극받을 수 있고, 인격을 확장하는 결과를 낳는다. 융은 특정 집단 체험을 통해 변화된 느낌을 받을 수 있다고 인정했으나, 진정한 재탄생과 혼동하지 않도록 경고했다.

> 상당수 사람이 특정 사고방식으로 서로 통합되고 동일시된다면, 그 결과 나타나는 변화의 경험은 개별 변화의 경험과는 매우 거리가 먼 유사성을 띨 뿐이다. 집단 경험은 개별 경험보다 낮은 차원의 의식에서 일어난다. 이는 여럿이 함께 모여 공통 감정을 공유할 때, 집단 전체에서 나타나는 정신은 개별적인 정신 레벨에 못 미친다below the level는 데에서 기인한다. 만일 매우 큰 집단이라면, 집단 정신은 동물의 정신에 더 가까울 것이다….
>
> …집단 경험은 개인이 특정 상태에서 느끼는 의식 수준을 넘어서지 않는다. 즉 이 체험은 변화를 일으키겠지만, 변화는 지속되지 않는다.**4**

Reductive 환원적인

문자 그대로 "되돌아가다"를 뜻하는데, 실제 삶, 특히 어린 시절에 일어난 사건에 대한 **꿈**과 **신경증**에 대한 해석을 설명.
◆ **constructive**(건설적인)와 **final**(궁극적)과 비교.

환원적 방법은 건설적인 방법과는 대조적으로 과거를 돌아본다…. 프로이트와 아들러의 해석 방법은 환원적이다. 두 경우 모두 궁극적으로는 인간의 심리를 유아기적이거나 생리적 특성을 지닌 소망이나 욕구의 1차 과정elementary process으로 환원해 설명한다. 그러나 환원은 무의식 산물의 실제 의미를 해체하는 효과를 지니는데, 이는 시간적으로 과거의 사건[예를 들어 어린 시절]으로 거슬러 올라가 해석하거나 그것을 발생시킨 동일

Reductive
환원적인

한 1차 과정으로 환원한다. 결국 내면에서 올라오는 내용이 축소되거나 통합된다.[5]

꿈 해석에서 환원적(기계적이라고도 함) 방법은 구체적 현실의 관점에서 사람이나 상황의 이미지를 설명하려 든다. 건설적이거나 궁극적인 접근법은 꿈의 상징적 내용에 초점을 맞춘다.
융 자신은 건설적 접근에 집중했지만, 심리적 문제들을 다루는 데 있어 환원적 분석을 중요한 첫 단계로 존중했다. 특히 생애 전반기에서 그러했다.

> 일반적으로 젊은이의 신경증은 현실의 힘과 미숙하고 유아기적인 태도 사이에서 충돌하면서 발생한다. 이 태도는 인과적인 관점에서 실제 또는 상상의 부모에 대해 과도하게 의존하는 데서 기인한다. 목적론적 관점에서는 실현 불가능한 허구, 계획, 열망 때문이다. 여기서 프로이트와 아들러의 환원적 방법은 전적으로 적합하다.[6]

Reflection
성찰

종교를 포함하고 의미 탐색을 아우르는 본능을 기반으로, 특정한 의식의 내용에 집중하는 정신적 활동.

우리는 일반적으로 '성찰'을 본능적인 것으로 생각하지 않고 의식적인 마음 상태와 연관 짓는다. Reflecxio는 "뒤로 굽히다"는 뜻으로, 심리학에서 사용할 때는 자극을 본능적으로 방출하는 반사 작용이 정신화psychization에 의해 방해받는 형상을 나타낸다…. 따라서 강박적 행동compulsive act 대신 어느 정도의 자유가 나타나며, 예측 가능한 행동 대신 충동 자극impulse에 따른 상대적으로 예측 불가능한 행동이 나타난다.**7**

융의 관점에서 인간 정신의 풍요로움과 그 본질적 특성은 성찰 본능으로 결정된다.

성찰은 탁월한 문화적 본능이고, 그 힘은 길들지 않은 자연에 맞서 스스로 유지하는 문화의 힘에서 드러난다.**8**

Regression
퇴행

리비도의 이전 **적응** 방식으로 후퇴하는 것으로, 종종 유아기의 환상과 소망을 동반.

◊ **depression**(우울) 참조. **progression**(진전)과 비교.

퇴행은… 내면 세계의 조건에 적응하는 것으로, 개성화 요구를 충족시키려는 근본적인 요구에서 비롯된다.**9**

자연의 화려함과 삶의 기쁨을 앉아가는 것은 우울한 상태의 깊이로 들여다보는 대신, 외부에 존재하던 것을 돌아보는 습관에 기인한다. 이렇게

Regression
퇴행

되돌아보는 것이 퇴행으로 이어지고 퇴행으로 가는 첫걸음이다. 퇴행은 비자발적인 내향화인데, 과거가 기억의 대상이며, 그것이 심리적 내용, 즉 내면심리적endopsychic 요소가 된다. 즉 현재의 우울로 인해 과거로 되돌아가는 현상이다.[10]

융은 에너지가 앞으로 나아가려는 움직임이 가로막히는 이유는 지배적인 의식적 태도가 변화하는 환경에 적응하지 못하기 때문이라고 믿었다. 그러나 이 때문에 무의식의 내용이 활성화되고, 여기에는 새로운 전진을 위한 씨앗을 품고 있다. 예를 들어 대극이나 열등기능이 잠재적으로 준비되어 있는데, 이는 부적절한 의식 태도로 수정될 수 있다.

> 적응된 기능으로써 사고가 실패한다면, 이는 감정을 통해서만 적응할 수 있는 상황을 다루고 있기 때문이다. 그러면 퇴행으로 활성화된 무의식적 요소에는, 잃어버린 감정기능을 포함할 것이다. 하지만 이는 아직 배아 상태로, 고태적이고 미발달한 형태일 것이다. 마찬가지로 반대 유형에서는 퇴행이 부적절한 감정을 효과적으로 보상하는 사고기능을 활성화할 것이다.[11]

에너지의 퇴행은 우리 자신의 심리적 문제를 직

면하게 한다. 따라서 궁극적인 관점에서, 퇴행은 발달과정에서 전진만큼이나 필요하다.

> 인과적으로 보면, 퇴행은 이를테면 "어머니 고착 mother fixation"에 의해 결정된다. 그러나 궁극적 관점에서는 리비도가 어머니 이마고로 퇴행하며, 이는 더 높은 단계로 발달하기 위해 어머니 이마고에서 기억 연상들을 찾아내는 과정이다. 예를 들어 성적 체계에서 지적 또는 정신적인 체계로 전환이 일어난다.
> 첫 번째 설명은 원인의 중요성을 강조하는 데 치중하여 퇴행 과정의 궁극적 의미는 완전히 간과한다. 이러한 각도에서 볼 때 문명 전체는 근친상간의 불가능성을 대체할 뿐이다. 그러나 두 번째 설명은 퇴행이 가져올 결과를 예측하게 해주며, 동시에 활성화된 기억 이미지memory-images의 중요성을 이해하는 데 도움을 준다.[12]

융은 퇴행의 흔한 증상 이면에는 상징적 의미가 들어 있다고 믿었는데, 이 의미는 심리적 쇄신의 필요성을 나타내며, 신화에서는 영웅의 여정으로 반영된다.

> 이는 바로 인간 중에서 가장 강인하고 뛰어난 영웅들인데, 이들은 퇴행적 갈망에 굴복하고 고의

로 자신을 모성적 심연의 괴물에게 삼켜질 위험에 스스로 내던진다. 그러나 이 사람이 영웅이라면, 괴물이 자신을 집어삼키도록 내버려 두지 않고, 한 번이 아니라 여러 번 괴물을 제압했기 때문에 영웅이다. 집단정신에 대한 승리만으로도 진정한 가치, 즉 보물 획득, 무적의 무기, 마법의 부적, 신화에서 가장 바람직하게 여기는 모든 것을 가져온다.**13**

Regressive Restoration of the Persona
페르소나의 퇴행적 복원

의식적 태도에 크게 무너졌을 때 발생할 수 있는 현상을 설명하는 용어.

과도한 위험을 감수하다 결국 파산한 사업가를 예로 들어보자. 그가 이 우울한 경험에 낙담하지 않고, 두려움이나 흔들림 없이 이전의 대담함을 유지하며 여기에 약간의 건전한 신중함을 더한다면, 이 사람의 상처는 영구적인 손상 없이 치유될 것이다. 그러나 반대로, 더 이상의 위험을 감수하지 않고 더욱 제한된 인격의 틀 속에서 사회적 평판을 회복하려 애쓴다. 즉 겁먹은 아이의 마음으로 훨씬 낮은 지위에서 열등한 일을 하게 된다. 결국 그는 퇴행적 방식으로 자신의 페르소나를 회복할 것이다…. 과거에는 아마도 자신이 성취할 수 있는 것 이상을 원했을지 모르지만, 이제는 자신이 할 수 있는 일조차 감히 시도하지 못한다.**14**

페르소나의 퇴행적 복원은 자신의 과도한 자만

때문에 인생의 결정적인 실패를 초래한 사람에게만 일어나는 과정이다. 그는 성격이 누그러지며 분수에 맞게 산다. 그러나 다른 모든 경우에 체념과 자기 비하로 얼버무리려 하며, 장기적으로 이런 태도는 신경증적인 질병이라는 대가를 치르게 한다.[15]

Religious Attitude
종교적 태도

심리학적으로, 보이지 않는 힘과 개인적 경험을 세심하게 관찰하고 존중하는 태도.

"종교"라는 용어는 **누미노제**_numinosum_의 경험으로 인해 변화된 의식에 특별한 태도를 일컫는다고 말할 수 있다.[16]

종교는… 인간 특유의 **본능적** 태도이고, 그 발현은 인류 역사를 거쳐 이어져 왔다.[17]

종교적 태도는 특정한 신념과 연관된 신앙과는 꽤 차이가 있다. 후자는 본래의 종교 경험을 성문화하고 교조화한 것으로, 특정 집단의 신념을 표현할 뿐이다. 진정한 종교는 특정한 형이상학적이며 물질세계 밖의 요소에 대한 주관적인 관계를 포함한다.

> 신조creed는 주로 세상 전체를 대상으로 하는 신앙고백이므로 세속적인 사건이다. 종교의 의미와 목적은 개인과 신(기독교, 유대교, 이슬람교)과의 관계

또는 구원과 해탈의 길(불교)과의 관계에 있다.[18]

융은 삶의 후반부에 나타나는 신경증이 자발적 영적 계시로 촉발되는 종교적 태도의 형성 없이는 거의 치유되지 않는다고 믿었다.

> 이 영spirit은 즉자적인 심혼적 사건으로, 폭풍 후의 고요이며, 인간 마음의 어둠을 밝혀 화해하는 빛이며, 영혼의 혼돈에 은밀하게 질서를 가져오는 것이다.[19]

Repression 억압

의식적 태도와 양립할 수 없는 심리적 내용이 무의식적으로 억압되는 것.

억압은 환경의 도덕적 영향으로 인해 어린 시절부터 시작되어 평생 지속되는 과정이다.[20]

억압은 소위 **체계적 기억상실증**systematic amnesia을 초래하는데, 이는 특정 기억이나 아이디어 그룹만 기억에서 사라진다. 이런 경우, 의식적인 마음에 특정 태도나 경향을 감지할 수 있는데, 기억의 가능성조차 회피하려는 계획적 의도다. 이는 고통스럽거나 불쾌하다는 매우 그럴듯한 이유 때문이다.[21]

억압은 여러 신경증의 원인일 뿐만 아니라 개인적 그림자 내용을 결정하기도 한다. 이는 자아가 일반적으로 마음의 평화를 방해할 요소를 억압하기 때문이다.

> 사춘기 이후의 발달 과정에서 의식은 다양한 이유로 동화하려 들지 않거나 동화할 수 없는 정동적 경향, 충동, 판타지에 직면하게 된다. 그러면 의식은 성가신 침입자를 제거하기 위해 다양한 형태의 억압으로 대응한다. 일반적으로 의식적 태도가 부정적일수록, 더 강하게 저항하고 평가절하하고 두려워할수록, 해리된 내용은 더욱 혐오스럽고 공격적이고 위협적인 모습을 띤다.[22]

분석과정에서, 많은 억압된 내용들이 자연스럽게 표면으로 드러난다. 억압된 내용을 들추어내는데 강한 저항이 있을 경우, 융은 자아가 압도되지 않도록 언제나 이 저항을 존중해야 한다고 믿었다.

> 일반적인 원칙은 의식적인 태도의 약함이 저항의 강도에 비례한다는 것이다. 따라서 강한 저항이 있을 때는 환자와의 의식적인 라포를 면밀하게 관찰해야 한다. 또한 경우에 따라서는 이후 일어날 상황을 고려해서, 환자의 의식적인 태도를 당사자가 매우 심각한 모순을 감당할 정도로 지지해야 한다. 이는 불가피한데, 환자의 약한 의식 상태가 무

Repression
억압

의식에서 떠오르는 강렬한 공격을 감당할 수 있을지 확신할 수 없기 때문이다. 사실, 환자가 '억압된' 내용을 저절로 떠올릴 수 있을 때까지, 환자의 의식적(또는 프로이트가 생각하는 '억압된') 태도를 계속 지지해야 한다.[23]

Sacred Marriage
신성혼

◊ **coniunctio**(일치, 융합) 참조.

Sacrifice
희생

심리적으로 어린 시절의 세상을 포기할 필요성과 연관되는데, 종종 에너지의 **퇴행**으로 신호를 보냄.

사람은 어린 시절의 나른한 행복bliss과 여유로움을 되살리기만을 원하는 회고적인 갈망을 내려놓아야 한다.[1]

과거를 되돌아보는 사람에게는 온 세상이, 심지어 별이 빛나는 하늘조차도 사방으로 굽어 자신을 감싸주는 어머니가 된다. 그러나 이 이미지와 이에 대한 갈망을 내려놓음으로써 오늘날 우리가 알고 있는 세계의 모습이 탄생한다.[2]

Schizophrenia
정신분열증, 조현병

◊ **psychosis**(정신병) 참조.

Self
자기

온전성과 정신을 조절하는 중심의 원형으로, 자아를 초월하는 초개인적 힘.

경험적 개념으로서 자기는 인간의 모든 정신 현상을 가리킨다. 자기는 인격 전체의 통합성을 나타낸다. 그러나 자기의 무의식적 구성 요소 때문에, 전체 인격이 부분적으로만 의식될 수 있다. 따라서 자기의 개념은 **잠재적**으로 경험적이며, **부분적으로만** 검증될 수 있다. 즉 자기는 경험할 수 있는 것과 경험할 수 없는 것(또는 아직 경험하지 못한)

Self	자기

을 모두 포함한다. 이는 **초월적**인 개념으로, 경험적 토대에 무의식적 요소의 존재를 전제하기 때문이다. 따라서 부분적으로만 설명될 수 있는 실체의 특성을 띤다.**3**

자기는 중심일 뿐만 아니라 의식과 무의식을 모두 포괄하는 전체의 둘레이기도 하다. 자아가 의식의 중심이듯이, 자기는 이 전체성의 중심이다.**4**

다른 원형과 마찬가지로, 자기의 본질적 특성은 알 수 없으나unknowable**, 그 발현은 신화와 전설의 내용이다.**

자기는 꿈, 신화, 민담에서 왕, 영웅, 예언가, 구원자 등 '우월한 인격'의 인물로 등장하거나 원, 사각형, 원의 사각형 만들기quadratura circuli, 십자가 등과 같은 총체적 상징의 형태로 나타난다. 이것이 **대극의 일치**complexio oppoisitorum로 나타날 때 통합된 이중성으로 보일 수 있는데, 이를테면 음양의 상호작용으로 나타나는 도道, 적대적인 형제, 영웅과 대적 상대(최대의 적, 용), 파우스트와 메피스토펠레스 등의 형태로 나타날 수 있다. 따라서 경험적으로 자기는 빛과 그림자의 극으로 나타나지만, 대극이 통합되는 전체성totality과 통일성으로 이해된다.**5**

자기가 자율적인 심혼적 요소로 인식되는 과정은 종종 자아가 통제하지 못하는 무의식적 내용이 갑작스럽게 분출되면서 촉진된다. 이는 신경증을 유발할 수 있으며, 그에 따른 인격의 재생으로 이어지거나, 더 큰 힘과 과도한 동일시를 낳을 수 있다.

> 자아는 무의식적인 내용이 유입되면서 인격이 활력을 얻고 풍부해졌으며, 이에 따라 자아를 능가하는 더욱 넓고 강렬한 존재가 형성되었음을 깨닫는다…. 당연히 이런 환경에서 단순히 권력 추구의 본능을 따르고, 자아가 노골적으로 자기와 동일시하려는 강한 유혹이 있다. 이는 자아가 모든 것을 지배하고 있다는 환상을 유지하려는 것이다…. [그러나] 자기는 자아의식에 보상적인 역할을 수행할 때만 의미를 지닌다. 만일 자아가 자기와 완전히 동일시되면, 자아는 팽창하고 자기는 수축되어 일종의 모호한 슈퍼맨이 탄생한다.[6]

자기 경험은 종교적 계시에서 느껴지는 경외감과 유사한 누미노제^{numinosity}를 지닌다. 그러므로 융은 경험적, 심리적 실체로서 자기와 최고 신에 대한 전통적 개념 사이에는 본질적인 차이가 없다고 보았다.

이는 "우리 안의 신God within us"이라 동일하게 부를 수 있다.[7]

Self-Regulation of the Psyche
정신의 자기조절

의식과 무의식 사이에 보상적인 관계를 토대로 한 개념.

- **adaptation**(적응), **compensation**(보상), **neurosis**(신경증), **opposites**(대극), **transcendent function**(초월적 기능) 참조.

정신은 단순히 반응하는 것이 아니라, 정신에 작동하는 영향에 대해 구체적으로 응답한다.[8]

자기조절 과정은 정신에서 언제나 작동하고 있다. 이 과정은 자아 의식이 외부 또는 내부 현실에 적응하는 데 특별히 어려움을 겪을 때만 분명해진다. 이는 종종 제시된 도식에 서술된 개요를 따르는 과정의 출발점이 되는데, 이는 개성화로 이어질 수 있다.

정신의 자기 조절

1. 적응의 어려움. 리비도의 진전이 거의 없음.
2. 에너지의 퇴행(우울, 쓸 수 있는 에너지의 부족).
3. 무의식적 내용(판타지, 콤플렉스, 원형 이미지, 열등 기능, 반대 태도, 그림자, 아니마/아니무스 등)의 활성화. 보상.
4. 신경증적 증상(혼란, 두려움, 불안, 죄책감, 기분, 극적 정동 등).
5. 적응의 어려움. 리비도의 진전이 거의 없음.
6. 자기와 온전성의 원형적 패턴과 연관되는 초월적 기능의 활성화.

> 7. 상징의 형성(누미노제, 공시성).
> 8. 무의식적 내용과 의식 사이에 에너지의 이동. 자아의 확대, 에너지의 진전.
> 9. 무의식 내용물의 동화. 개성화.

의식과 무의식은 내용과 경향이 좀처럼 일치하지 않는다. 정신의 자기조절 활동은 꿈, 판타지, 동시적 경험에서 나타나는데, 심각한 불균형을 교정하려 한다. 융에 따르면, 이는 여러 연유로 필요하다.

(1) 의식은 그 내용이 도달해야 하는 문턱값 threshold intensity이 있어서 너무 약한 요소는 전부 무의식에 남게 된다.

(2) 의식은 그 규제기능으로 인해 양립할 수 없는 모든 물질을 억제(프로이트는 검열 consorship이라 부름)해 결국 무의식으로 가라앉는다.

(3) 의식은 순간적인 적응 과정인 반면, 무의식은 개인의 과거에서 잊힌 모든 물질뿐 아니라 정신의 구조를 이루는 모든 유전적 행동 흔적을 포함한다.

(4) 무의식은 아직 문턱값에 이르지 못한 모든 판타지 결합을 포함한다. 그러나 이들은 시간이 충분히 지나고 적절한 조건이 갖춰지면 의식의

S

빛으로 들어갈 것이다.**9**

Sensation 감각

물리적인 감각을 통해 즉각적 현실을 감지하는 심리적 **기능**.
◆ intuition(직관)과 비교.

무의식뿐 아니라 동료 인간에게도 공정하게 대하길 바라는 태도는 단지 사고와 직관으로만 이루어지는 한 지식에만 의존할 수 없다. 이는 가치를 인식하는 기능, 즉 감정뿐만 아니라 **현실**을 감각적으로 **인식하는 기능**이 결여되어 있다.**10**

융의 유형학 모델에서 감각은 직관처럼 비합리적 기능이다. 감각은 구체적인 사실을 감지하지만 그것이 무엇을 의미하는지, 어떤 가치를 지니는지에 대해서는 판단하지 않는다.

> 감각은 엄격하게 감정과 구분되는데, 감정 기조 feeling-tone를 지닌 감각과 연관될 수 있지만, 감각 자체는 감정과는 전적으로 다른 과정이기 때문이다. 감각은 외부 자극뿐만 아니라 내부 자극, 즉 내부 유기적 과정에서의 변화와 관계가 있다.**11**

융은 또 감각적 또는 구체적 감각concrete sensation, 추상적 감각abstract sensation을 구분했다.

> 구체적인 감각은 절대 '순수' 형태로 나타나지는 않고, 언제나 아이디어, 감정, 사고 등과 뒤섞여 있다…. 이를테면 꽃의 구체적 감각은… 꽃 자체뿐

아니라 줄기, 잎, 서식지 등을 함께 지각하게 된다. 또한 꽃을 보면서 연상되는 즐거움이나 혐오감, 동시에 후각적 지각, 또는 식물 분류에 대한 아이디어와 즉시 결합한다. 반면 추상적 감각은 꽃의 가장 두드러진 감각적 속성을 즉시 가려낸다. 예를 들어 꽃의 눈부신 붉은색을 인식할 때, 그 색 자체를 의식의 주요 내용으로 삼는다. 이렇게 다른 모든 혼합물과 완전히 분리해 내어 감각이 작용한다. 추상적 감각은 주로 예술가들에게서 발견된다. 모든 추상화에서 보듯, 이는 기능적 분화의 산물이다.**12**

Shadow 그림자

자아가 억압했거나 절대 인식하지 못하는 부분으로, 긍정적인 것과 부정적인 것을 모두 포함해 자신의 숨겨졌거나 무의식적인 측면.

◊ **repression**(억압) 참조.

상당한 도덕적 노력 없이는 누구도 그림자를 의식할 수 없기에 전체 자아-인격에 도전하는 도덕적 문제다. 그림자를 의식하는 것은 인격의 어두운 측면이 실제로 존재하며 현실로 인식하는 것을 의미한다.**13**

무의식의 내용이 분화되기 전에, 그림자는 사실상 무의식 전체다. 그림자는 흔히 꿈에서는 꿈꾼이와 동성^{same sex}의 인물로 의인화된다.

그림자는 대개 억압된 욕망과 미숙한 충동, 도덕적으로 열등한 동기, 유치한 환상과 억울함 등, 자신이 자랑스럽지 않게 생각하는 모든 요소로 구성

Shadow
그림자

된다. 이렇게 인정하지 못하는 개인적 특질은 종종 투사라는 기제를 통해 타인에게서 경험된다.

> 그림자는 통찰력과 선의로 어느 정도 의식적인 성격에 동화될 수 있다. 하지만 경험에 따르면, 일부 특징은 도덕적 통제에 가장 완강하게 저항하며 거의 영향받지 않는다. 이러한 저항은 대체로 **투사**에 묶여 있는데, 투사로 인식되지 않는다. 이를 인식한다는 것은 비범한 도덕적 성취다. 반면, 그림자의 특유의 일부 특성은 큰 어려움 없이 개인적 특성으로 인식할 수 있다. 하지만 이 경우, 감정의 원인이 의심의 여지 없이 **상대방**에게 있는 듯 보이기 때문에 통찰력과 선의가 아무런 영향을 미치지 못한다.[14]

그림자를 알아차리는 것은 페르소나의 방해를 받는다. 밝은 페르소나와 동일시하는 정도에 따라 그림자는 그만큼 어두워진다. 따라서 그림자와 페르소나는 보상 관계에 있고, 둘 사이의 갈등은 신경증이 발병할 때마다 한결같이 나타난다. 이 시기의 특징적인 우울은 자신이 스스로 꾸며낸 모습이나 바라는 모습과 완전히 같지 않음을 깨달아야 함을 뜻한다.

일반적으로 그림자를 동화하기 위한 효과적인 기법은 없다. 오히려 외교나 정치에 가깝고 항상 개별적인 문제다. 첫째, 그림자의 존재를 수용하고 진지하게 인식해야 한다. 둘째, 그림자의 속성과 의도를 파악해야 한다. 이는 기분, 판타지, 충동을 신중히 관찰하면 이루어진다. 셋째, 오랜 협상 과정을 피할 수 없다.

> 의식이 그림자를 대면하는 것은 치료가 필요하기 때문인데, 실제로 철저한 심리적 방법에서 첫 번째 요건이다. 결국 이는 일종의 통합union으로 이어져야 하는데, 처음에는 대놓고 갈등에 처하게 만들고는 종종 오랫동안 이 상태로 남아 있다. 합리적인 방법으로는 없애버릴 수 없는 투쟁이다. 그림자가 의도적으로 억압되면 계속 무의식에 남아 있고, 오히려 간접적이고 더욱 위험하게 표출될 뿐이기에 어떤 이점도 얻지 못한다. 상대가 완전히 지칠 때까지 이 투쟁은 계속된다. 어떤 결과가 나올지는 알 길이 없다. 확실한 것은 양측이 다 변화하리라는 점이다.[15]

> 우리 안의 타자를 받아들이려는 과정은 충분히 가치 있다. 타인이 우리에게 보여주려 하지 않고 우리 자신도 결코 인정하지 않을 본성의 측면을 알 수 있기 때문이다.[16]

그림자에 대한 책임은 자아ego에 있다. 따라서

Shadow 그림자

그림자는 도덕적 문제다. 그림자가 어떻게 생겼는지, 즉 우리가 무엇을 할 수 있는지 알아차리는 것과, 실제로 우리가 무엇을 실현하며 살아갈 수 있는지 결정하는 것은 또 다른 문제다.

> 그림자를 대면하는 것은 처음에는 막다른 골목을 만나게 하고, 이는 도덕적 결정을 방해하고 신념을 무력하게, 심지어 불가능하게 만드는 교착 상태에 빠지게 한다. 여기서 모든 것이 의심스러워진다.[17]

그러나 그림자가 단지 인격의 어두운 면만 있는 것은 아니다. 그림자는 또 오래 묻혀 있었거나 의식하지 못했던 본능, 능력, 긍정적인 도덕적 특질로도 이루어진다.

> 그림자는 다소 열등하고 원시적이며, 적응하지 못하고 어색할 뿐, 전적으로 나쁜 것은 아니다. 심지어 어떤 면에서 유치하거나 원시적 특질도 포함하고 있어 인간 존재를 활력 있고 아름답게 만들 수도 있다. 하지만 사회적 관습이 이를 금지한다![18]

지금까지 인간의 그림자가 모든 악의 근원이었다고 믿었다면, 좀 더 면밀히 살펴보면 그렇지 않음을 알 수 있다. 무의식적 인간, 즉 자신의 그림자는

> 단순히 도덕적으로 비난받을 만한 경향으로만 이루어진 것이 아니다. 오히려 정상적인 본능, 적절한 반응, 현실적인 통찰, 창조적 욕구 등 여러 긍정적인 특성을 지닌다.[19]

신경증 발병은 그림자의 양면을 형성한다. 즉 자신이 자랑스럽게 여기지 않는 특성이나 행동뿐 아니라 존재하는 줄도 몰랐던 새로운 가능성까지 포함한다.

융은 개인적 그림자와 집단적 또는 원형적 그림자를 구분했다.

> 그림자의 성격이 개인적인 한, 약간의 자기비판으로도 그림자를 꿰뚫어 볼 수 있다. 그러나 그림자가 원형archetype으로 나타날 때, 아니마/아니무스와 마찬가지로 어려움을 겪는다. 즉 인간은 자기 본성의 상대적 악을 인식하는 것은 충분히 가능하다. 하지만 절대 악과 마주하는 것은 극히 드물고 충격적인 경험이다.[20]

Soul 영혼

정신에서 기능적 콤플렉스.

◊ **eros**(에로스),
  logos(로고스),
  soul-image(영혼 이미지)
  참조.

종종 전통적인 신학적 의미로 '영혼'이라는 단어를 사용하는 반면, 융은 영혼의 심리적 의미는 엄격하게 제한했다.

> 무의식의 구조를 연구하면서 나는 '**영혼** *soul*'과 '**정신** *psyche*'을 개념적으로 구분하지 않을 수 없었다. 나는 정신을 의식과 무의식을 포함한 모든 심리적 과정 psychic processes의 총체로 이해한다. 반면, '영혼'은 가장 선명하게 구분되는 기능적 콤플렉스이며, 이를 '인격 personality'이라 할 수 있다.[21]

이러한 이해를 바탕으로 융은 아니마/아니무스 및 페르소나의 관점에서 영혼의 부분적 현현을 설명했다. 이후 전이에 관한 저술에서 연금술 작업 alchemical opus을 연구하며 이를 개성화 과정과 심리적으로 유사하다고 분석했다. 이를 통해 더욱 구체적인 설명을 제시했다.

> 연금술 작업 opus 동안에, 자아의식에 생겨난 '영혼'은 남성에게는 여성적인 성격을, 여성에게는 남성적인 성격을 부여한다. 남성의 아니마는 화합하고 통합하기를 원하는 반면, 여성의 아니무스는 분별하고 식별하려 든다.[22]

Soul-Image
영혼 이미지

꿈과 무의식의 다른 산물에서 내면의 인격을 표현하는 것으로 대개 이성의 형태.

◆ **anima**(아니마)와 **animus**(아니무스) 참조.

남녀 사이에 열정적이면서 거의 마법적인 관계가 형성될 때에는 투사된 영혼 이미지의 문제일 경우가 많다. 이런 관계가 너무 흔하기에, 영혼도 그만큼 자주 무의식 상태여야 한다.[23]

영혼 이미지는 무의식이 낳은 특정한 원형 이미지로, 주로 이성에게 투사될 때 나타난다.

이상주의적인 여성은 타락한 남성에게 종종 자신의 영혼 이미지를 투사한다. 이 경우에는 '구세주 판타지'가 빈번히 발생한다. 같은 일이 남성에게도 일어나는데, 이를테면 매춘부를 내면에 투사하며, 이 여성은 남성의 무의식 속에서 구원을 외치는 영혼으로 변한다.[24]

의식 자체가 영혼과 동일시될 경우, 영혼 이미지는 페르소나의 한 측면으로 나타날 수도 있다.

이 경우 페르소나는 무의식 중에 동성의 인물에게 투사되고, 이에 따라 잠재적이거나 공개된 동성애, 남성 간 아버지 전이, 여성 간 어머니 전이 등의 토대가 된다. 이런 상황에서는 언제나 외부 현실에 완전히 적응하지 못하고 관계 형성이 어려워진다. 왜냐하면 영혼과 동일시하는 태도가 내적 과정을 주로 인식하도록 만들기 때문이다.[25]

많은 관계가 투사된 영혼 이미지로 시작하고, 처음에는 잘 발전한다. 그러나 본질적으로 공생적이기 때문에 관계가 좋지 않게 끝나는 경우가 많다.

Spirit
영

원형과 기능적 콤플렉스로 종종 **의인화**되어 생동감 있게 느껴지고, **고태적** 정신이 보이지 않는 숨결 같은 '현존'이라 인식하던 것과 유사함.

영은 신과 마찬가지로 외부 세계에 존재한다는 것을 증명할 수 없고 합리적으로 이해할 수 없는 심혼적 경험의 대상을 가리킨다. 우리가 '영'이라는 단어를 가장 분별 있게 사용할 때의 뜻이다.[26]

사람, 도깨비, 동물 형상 등으로 나타나는 영의 원형은 통찰력, 이해, 좋은 조언, 결단, 계획 등이 필요하지만 스스로 준비되지 못한 순간에 등장한다. 원형은 이런 정신적 결핍을 보완하기 위해 마련된 요소로 그 간극을 채운다.[27]

융은 심리적 개념으로의 영과, 종교에서 전통적으로 사용하는 영을 구분하는 데 주의를 기울였다.

심리학적 관점에서 영의 현상은 모든 자율적 콤플렉스와 마찬가지로 무의식의 의도로 나타나는데, 이는 자아의 의도보다 우월하거나 최소한 이에 맞먹는 수준으로 드러난다. 우리가 영이라고 부르는 것의 본질을 공정하게 다루려면 무의식보

다는 '더 높은higher' 의식에 대해 말해야 한다.**28**

현대의 일반적인 영 개념은 그것을 최고선, 즉 신 자체로 간주하는 기독교 견해와 부합하지 않는다. 물론 악령evil spirt에 대한 개념도 존재하지만, 현대 관점에서 영을 반드시 악하게만 볼 수 없다. 우리는 오히려 영을 도덕적으로 중립적이거나 무관하게 보아야 한다.**29**

Splitting 분열, 쪼개짐

인격의 **해리**를 설명하는 용어로 **콤플렉스**가 결정한 태도와 행동 패턴이 특징.

◆ **neurosis**(신경증)도 참조.

비록 이 특성peculiarity은 정신병리학에서 가장 뚜렷하게 관찰되지만, 근본적으로는 정상적인 현상으로, 원시적 정신이 만든 투사에서 가장 쉽게 인식할 수 있다. 분열되는split 경향은 정신의 일부가 의식에서 분리되어 있다는 뜻이다. 낯설게 보일 뿐 아니라 스스로 독립적인 생명력을 띨 정도다. 이는 히스테리적 다중 인격hysterical multiple personality이나 정신분열증적 인격 변화schizophrenic alterations of personality의 문제가 아니라, 정상 범위 내에 있는 이른바 '콤플렉스'의 문제일 뿐이다.**30**

Subjective Level
주관 단계

꿈과 다른 이미지에서 묘사된 인물이나 상황을, 오직 주체 자신의 정신에 속하는 요소들의 상징적 표현으로 해석하는 접근방식.

◊ **objective level**(객관 단계)과 비교.

주관적 차원에서 무의식적 산물을 해석하면 대상이 매개체가 되어 주관적 판단과 경향이 드러난다. 따라서 무의식 속에서 나타나는 대상 이미지는 실제 대상의 이미지라기보다는 주관적인 기능적 콤플렉스로 볼 가능성이 훨씬 크다. 이런 해석은 꿈뿐만 아니라 문학 작품에도 적용할 수 있으며, 이때 개별 인물들은 작가의 정신에서 상대적으로 자율적인 기능적 콤플렉스의 대변하는 존재로 등장한다.[31]

분석 과정에서 무의식이 던져주는 이미지를 환원적으로 해석한 뒤에, 주요 과제는 자신에 대해 무엇을 말하는지를 이해하는 것이다.

진정 성숙한 태도를 확립하려면 자신에게 문제를 일으키는 듯한 모든 이미지의 주관적 가치를 파악해야 한다. 이 이미지들을 그 자신의 심리에 통합하고, 어떤 방식으로 자신과 연결되는지 발견해야 한다. 예를 들어, 실제로 이 가치를 발전시키고 구현할 사람이 자신일 때, 어떻게 **대상**을 긍정적인 가치로 인식하는지 알아내야 한다. 마찬가지로 그가 부정적인 특성을 투사하며 대상을 혐오하고 경멸할 때, 사실은 자신의 열등한 면, 즉 그림자를 투사하고 있음을 깨달아야 한다. 이는 그가 자신을 낙관적이고 일방적인 이미지로 유지하려 하기

때문이다.**32**

Subjective Psyche
주관적인 정신

◊ **personal unconscious**
(개인 무의식) 참조.

Subtle Body
미묘체

신체적 무의식somatic unconscious은 몸과 마음 사이의 관계를 포함하는 초월적인 개념.

'미묘한 신체'라 일컫는 무의식의 일부는 신체의 기능과 점점 더 동일시되고, 점점 더 어두워져서 결국 물질의 완전한 암흑 속으로 사라진다. 우리 무의식은 어딘가에서 물질이 되는데, 신체는 살아 있는 단위이며, 우리의 의식과 무의식이 그 안에 체화되어 신체와 접촉하기 때문이다. 어딘가에는 양 끝이 만나 서로 맞물리는 자리가 있다. 이것이 바로 [미묘체]인데, 이것이 물질인지 정신이라 부르는 것인지 말할 수 없는 자리다.**33**

Superior Function
우월기능

◊ **primary function**
(주기능) 참조.

Supraordinate Personality
상위 인격, 초월적 인격

자아보다 우월하고 초월적인 정신의 측면.

◊ **self**(자기) 참조.

상위 인격은 전체 인간을 의미하며, 이는 자신에게 보이는 모습이 아니라 실제로 존재하는 인간이다. …나는 보통 상위 인격을 자기self라고 표현하는데, 이는 자아가 의식적인 마음까지만 확장되는 것과 달리, 자기는 의식과 무의식을 포함하는 인격 **전체**를 아우르기 때문이다. 따라서 자아는 자기의 일부이며, 이런 점에서 자기는 상위 개념이다.**34**

Symbiosis
공생

개인 무의식의 내용이 다른 사람에게서 경험되는 심리적 상태.

◊ **projection**(투사)와 **soul-image**(영혼 이미지)도 참조.

공생은 무의식적인 대인관계에서 나타나며, 쉽게 확립되지만 끊기는 어렵다. 융은 내향성과 외향성을 예로 들었다. 한 가지 태도가 지배적일 때, 반대되는 태도는 무의식 속에 머물러 저절로 투사된다.

> 어떤 유형이든 자신과 반대되는 성향을 지닌 사람과 결혼하는 경향이 있으며, 이는 무의식적으로 서로를 보완하는 역할을 한다. 한쪽은 성찰을 담당하고 다른 한쪽은 추진력과 실천을 담당한다. 두 유형이 결혼하면 이상적인 결합이 이루어질 수 있다. 삶의 다양한 외적 요구에 적응하는 데 온전히 몰두하는 한, 둘은 놀랄 정도로 조화를 이루며 잘 어우러진다.**35**

이런 관계에서 문제는 보통 인생 후반부에 이르러서야 강한 감정을 동반하며 나타난다.

> 남자가 충분히 돈을 벌었거나 하늘에서 훌륭한 유산이 떨어져 더 이상 외적 요구로 압박받지 않

는다면, 둘은 서로에게 집중할 시간이 생긴다. 지금까지는 등을 맞대고 인생에서 필연적인 요구에 맞서 싸웠지만, 이제는 얼굴을 맞대고 서로를 이해해야 한다. 그러나 둘은 서로를 이해한 적이 없다는 사실을 깨닫는다. 이제 두 유형 사이에 갈등이 시작된다. 이 싸움은 조용히 친밀감 속에서 이루어지더라도 독기가 서리고 잔혹하며, 서로를 깎아내린다. 한쪽의 가치가 다른 쪽의 가치를 부정하는 것이기 때문이다.[36]

공생적 관계의 결말은 신경증 발병을 유발하는데, 이는 파트너에게 투사된 자신의 일부를 내면적으로 통합하려는 강한 욕구에서 비롯된다.

Symbol
상징

알려지지 않은 것에 대한 최상의 표현.

◆ **constructive**(건설적인)와 **final**(궁극적) 참조.

심리적 표현은 전부, 현재의 우리의 지식으로 이해할 수 없는 무언가를 진술하거나 의미한다고 추정한다면 상징이라 할 수 있다.[37]

융은 상징symbol과 기호sign를 구별했다. 예를 들어 유니폼의 휘장은 상징이 아니라 입는 사람을 식별하는 기호다. 무의식의 내용(꿈, 판타지 등)을 다룰 때 이미지는 기호학적으로semiotically 해석될 수 있다. 즉 알려지거나 알 수 있는 사실을 가리키는 하나의 단서 같은 기호로 볼 수도 있고,

Symbol
상징

상징적으로 symbolically 해석한다면 본질적으로 미지의 어떤 것을 나타내는 상징이 될 수도 있다.

> 십자가를 신성한 사랑의 상징으로 해석하는 것은 **기호학적** semiotic 이다. 왜냐하면 "신성한 사랑"이라는 개념이 표현하려는 사실을, 다양한 의미를 띨 수 있는 십자가보다 더 명확하고 적절하게 설명하기 때문이다. 반면 십자가 해석은 **상징적** symbolic 이다. 이는 십자가를 떠올릴 수 있는 모든 설명을 넘어서는 것으로, 아직 알려지지 않고 이해하기 어려운 신비적이거나 초월적인 사실, 즉 심리적 사실을 나타낸다고 여길 경우다. 이때 십자가는 그 본질을 가장 적절하게 표현하는 상징으로 자리 잡는다.[38]

어떤 사물을 상징으로 해석하느냐 기호로 해석하느냐는 주로 관찰자의 태도에 달려 있다. 융은 기호학적 접근과 상징적 접근을 각각 인과적 관점과 궁극적 관점에 연결했다. 융은 두 접근 방식의 중요성을 모두 인정했다.

> 정신적 발달은 의도와 의지만으로 이루어질 수 없다. 이는 인과 cause 보다 더 큰 가치의 양 quantum을 지닌 상징의 매력 attraction이 필요하다. 그러나 상징은 마음이 기본 사실에 충분히 오래 머물러야만

형성될 수 있다. 즉 생명 과정에서 내적 또는 외적 필연성이 에너지의 변화를 가져올 때 비로소 상징이 형성될 수 있다.[39]

상징적 태도는 환원적 설명을 찾기보다는 심리 현상의 의미나 목적을 이해하는 데 우선순위를 둔다는 점에서, 본질적으로 건설적constructive이다.

물론 대부분 병적인 증상을 지니는 무의식의 산물을 가장 중요한 상징으로 여기는 신경증 환자도 있다. 하지만 일반적으로 그런 일은 잘 일어나지 않는다. 오히려 오늘날 신경증 환자는 실제로 의미가 가득할 수 있는 산물을 단순한 '증상'으로 간주하는 경향이 너무 강하다.[40]

상징에 대한 융의 주된 관심은 본능적 에너지를 변형하고 방향을 전환하는 능력이었다.

본질적으로 상징적 성격을 지닌 종교적 과정을 어떻게 설명할 수 있을까? 추상적 차원에서 상징은 종교적인 개념이며, 행동의 차원에서 상징은 의례ritual이고 의식ceremony이다. 이들은 리비도가 과도하게 발현되고 표현된 것이다. 동시에 상징은 새로운 활동으로 나아가는 디딤돌이며, 본능적 기능이 자연법칙에 따라 규칙적으로 이루어지는 것

과 구별하기 위해 문화라고 불러야 한다.⁴¹

상징은 언제나 정신 내면에서 형성되며, 판타지와 꿈으로 나타난다. 분석 과정에서 환원적 설명이 소진되면 건설적 접근을 통해 상징이 더욱 강렬하게 형성된다. 목표는 본능적 에너지를 의미 있는 작업과 생산적 삶에 활용하도록 돕는 것이다.

Synchronicity
동시성, 공시성

외부세계에서 발생한 사건이 심리적 상태와 의미 있게 일치하는 현상.

> 동시성은… 두 가지 요소로 이루어진다. a) 무의식적 이미지가 의식으로 들어오는데, 직접적(즉 문자 그대로 사실적)이거나 간접적(상징적이거나 암시적)으로 꿈, 아이디어, 예감의 형태로 나타난다. b) 객관적 상황이 이 내용과 일치한다. 이 두 가지 모두 신비롭다.⁴²

융은 동시성 경험을 시공간의 상대성 및 무의식의 정도와 연관 지었다.

> 현재 내가 아는 한, 이렇게 매우 다양하고 혼란스러운 현상은, 심리적으로 상대적인 시공간 연속체를 가정하면 완전히 설명할 수 있다. 초자연적 내용이 의식의 문턱을 넘자마자 동시성 현상이 사라지고, 시간과 공간이 본래의 영향을 재개하며, 의

> 식은 다시 한 번 주관성subjectivity으로 고립된다. …반대로 주체가 무의식 상태로 들어가면 동시성 현상을 불러일으킬 수 있다.[43]

융은 동시성을 '인과적 연결 원리'로 정의했다. 이는 개인의 정신과 물질세계 사이에서 발생하며, 본질적으로 신비로운 연결이다. 실제로는 이 두 가지가 다른 형태의 에너지일 뿐이라는 사실에 기반한다.

> 정신과 물질이 하나의 동일한 실체의 두 가지 다른 측면일 가능성이 있을 뿐만 아니라 꽤 높다. 동시성 현상은 이러한 방향을 가리키는 듯하다. 왜냐하면 비심리적인 것이 심리적인 것처럼 행동할 수 있고, 반대로 심리적인 것이 비심리적인 것으로도 행동할 수 있기 때문이다. 이들 사이에는 어떤 인과 관계도 없다.[44]

Synthetic 종합적인

♦ **constructive**(건설적인) 참조.

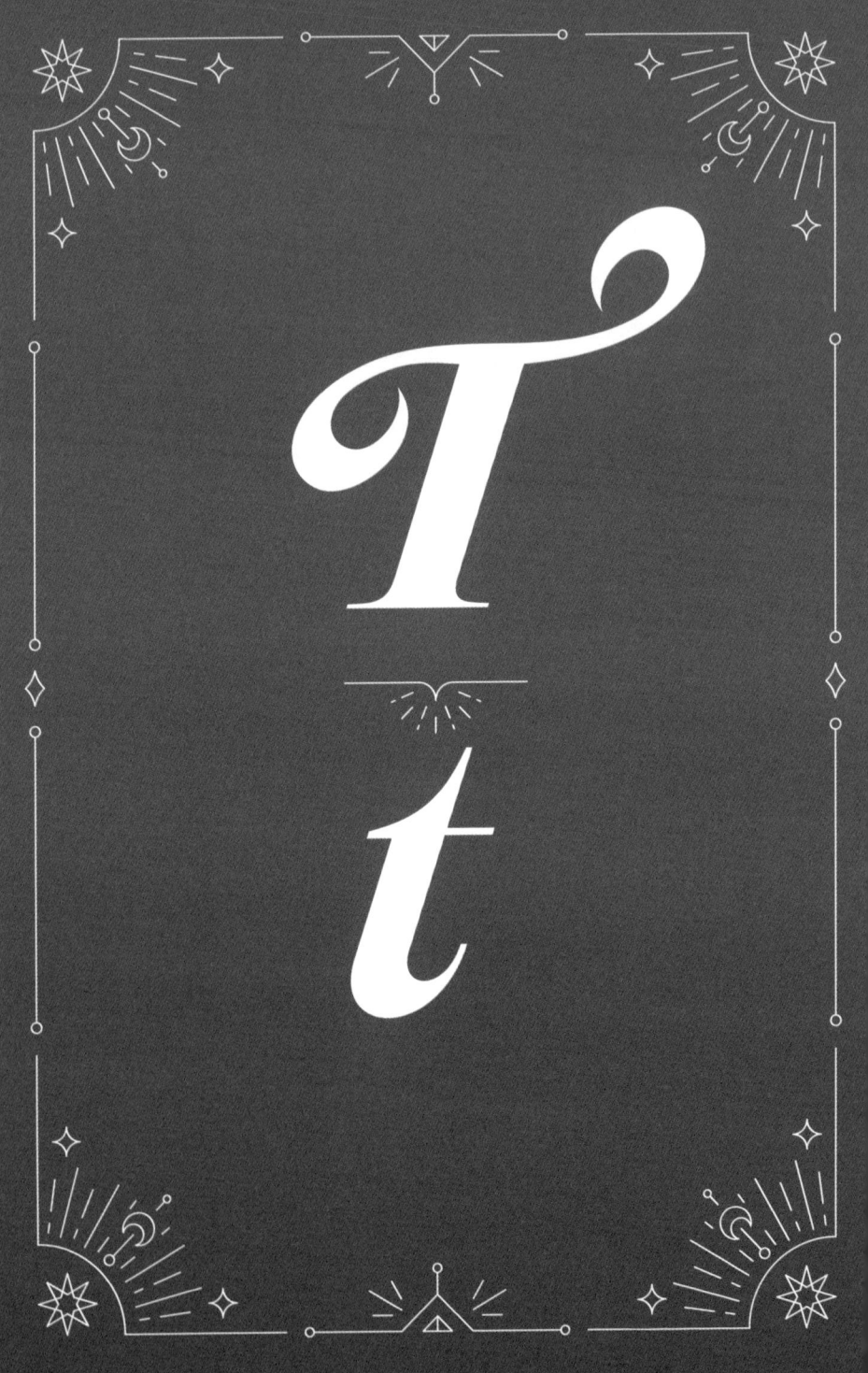

Temenos
테메노스, 성역

신성한 보호 공간을 의미하는 그리스어. 심리적으로 개인적 공간 container과 분석적 관계를 둘러싼 프라이버시 감각을 기술.

융은 테메노스를 확립하거나 보존할 필요성이 종종 네 가지 요소로 이루어진 만다라 같은 그림이나 꿈 이미지로 나타난다고 믿었다.

만다라 상징은 중심을 보호하는 신성한 장소, 즉 **테메노스**를 의미한다. 그리고 무의식 이미지를 객관화하는 데 있어 가장 중요한 모티프 중 하나다. 이는 인격의 중심을 보호하여 외부 영향에 휩쓸리지 않도록 돕는 수단이 된다.[1]

Tertium non Datur
제3의 선택, 제3의 명제

갈등 상황에서 논리적으로 예측할 수 없는 해결 방식으로, 화해하는 제3의 요소. 이는 **대극** 사이의 긴장을 의식에서 유지할 때 나타남.

대체로 분석이 대극을 강렬하게 대비시켜 인격의 통합이나 조화가 반드시 요구될 때 나타난다. [이 상황]에서는 근본적인 해결책과, 대극을 통합할 수 있는 제3의 요소 a third thing가 필요하다. 하지만 지성의 논리만으로는 해결하기 어려운데, 논리적 대립에는 제3의 요소가 없기 때문이다. '용매 solvent'는 필연적으로 비합리적인 성격을 띤다. 자연에서 대극의 조화는 항상 에너지 넘치는 과정이며, 본연의 의미에서 상징적으로 작용한다. 마치 폭포가 위아래를 눈에 보이게 연결하듯, 자연은 두 힘을 동시에 표현하는 방식으로 작용한다.[2]

Thinking
사고

인식한 것을 해석하는 정신적 과정.

♦ **feeling**(감정)과 비교.

융의 유형학 모델에서 사고는 심리적 지향성을 위해 사용하는 네 가지 기능 중 하나다. 사고는 감정과 더불어 합리적인 기능이다. 사고가 주기능이라면 감정은 자연스럽게 열등기능이 된다.

> 사고가 본래의 원리에 충실하려면 감정을 엄격하게 배제해야 한다. 물론 사고와 감정이 동일한 수준에서 작용해 의식에 균형감 있게 동기를 부여하는 능력을 지닌 개인이 없다는 뜻은 아니다. 그러나 이 경우에는 단지 사고와 감정이 상대적으로 미발달한 상태가 아닐까 하는 의문이 생긴다.[3]

통각apperception**의 과정으로서 사고는 능동적일 수도 있고 수동적일 수도 있다.**

> 능동적 사고는 **의지**의 행위이고 수동적 사고는 단순히 나타나는 것일 뿐이다. 전자의 경우, 나는 관념의 내용을 자발적 판단 행위라 말한다. 반면 후자의 경우 개념적 연결이 저절로 형성되고 때로는 내 의도와 모순되는 판단이 이루어질 수도 있다. 따라서 능동적 사고는 **내가 정의하는 지향적 사고**directed thinking에 해당하며, 수동적 사고는… **직관적 사고**intuitive thinking라 할 수 있다.[4]

나는 지향적 사고의 능력을 지성intellect이라 부르고, 수동적이거나 지향되지 않는 사고의 능력을 **지적 직관**^{intellectual intuition}이라 부른다.[5]

Transcendent Function
초월적 기능

의식과 무의식 사이의 긴장에서 비롯되어 둘의 통합을 지원하는 심혼적 기능.

♦ **opposite**(대극)와 **tertium non datur**(제3의 명제) 참조.

자아가 대극 양쪽에 완전히 참여하여 대극이 완벽히 균형을 이룰 때, 필연적으로 의지가 멈추게 된다. 각 동기가 동일한 힘을 가진 반대 동기를 지니므로 선택하거나 행동할 수 없기 때문이다. 그러나 생명체는 정체 상태를 견딜 수 없기에, 생명 에너지가 흐르지 못하고 점점 축적된다. 하지만 대극의 긴장이 이를 초월하는 새로운 통합 기능을 생성하면서 균형을 회복할 것이다. 이 기능은 에너지가 막히면서 리비도가 퇴행한 결과로 자연스럽게 발생한다.[6]

의식과 무의식의 경향들은 초월적 기능을 구성하는 두 가지 요소다. "초월적"이라 부르는데, 이는 한 가지 태도에서 다른 태도로 유기적으로 전환 transition하게 해주기 때문이다.[7]

갈등 상황에 있거나 뚜렷한 이유 없이 우울할 때, 초월적 기능이 발달하려면 무의식 속 자료를 자각하는 것이 중요하다. 이는 꿈에서 가장 쉽게 이해할 수 있는데, 꿈을 해석하기가 쉽지 않기 때문에 융은 적극적 명상^{active imagination}이 더 효

Transcendent function
초월적 기능

과적이라고 여겼다. 이는 꿈과 판타지 등에 "형상form"을 부여하는 탐구 방법이다.

> 무의식의 내용이 형상을 갖추고 그 의미가 이해되면, 자아가 어떻게 새로운 입장과 관계를 맺을지, 또 자아와 무의식이 어떻게 조화를 이룰 것인지에 대한 문제가 생긴다. 이는 과정의 두 번째이자 더 중요한 단계로, '제3의 요소'인 초월적 기능을 형성하기 위해 대극을 결합하는 것이다. 이 단계에서는 더 이상 무의식이 주도하는 것이 아니라 자아가 중심이 된다.[8]

이 과정에서는 무의식의 반대 입장에 맞서 자신의 입장을 고수할 수 있는 자아가 필요하다. 자아와 무의식 모두 동등한 가치를 지니며, 이들의 대립은 강한 에너지를 지닌 긴장을 만들어 낸다. 그 결과 생생한 제3의 본질, 즉 새로운 심리적 요소가 창조된다.

> 무의식의 활동을 통해 새로운 내용이 등장하는데, 이 내용은 정립thesis과 반정립antithesis이 동등한 비율로 구성되어 있고 두 요소 모두 보상 관계에 있다. 따라서 이는 대극이 통합될 수 있는 중간 지대를 형성한다. 예를 들어, 우리가 관능sensuality과 영성spirituality의 대극을 생각할 때 무

의식에서 탄생한 중재적 내용은, 풍부한 영적 연관성 때문에 영적 정립에 적절한 표현 방식이 될 수 있으며, 감각적 이미지 때문에 관능적 반정립에 대해서도 적합한 표현 방식이 된다. 그러나 정과 반 사이에서 갈등하는 자아는 중간 지대에서 자신과 연결되는 유일하고 독특한 표현 방식을 발견하며, 분열에서 벗어나기 위해 이를 적극적으로 받아들인다.[9]

초월적 기능은 본질적으로 정신의 자기조절과 관련된 측면이다. 이는 주로 상징적으로 드러나고 자신과 삶에 대한 새로운 태도로 경험된다.

중재적 산물이 손상되지 않고 그대로 유지되면, 이는 해체가 아니라 건설적 과정에서 원재료가 되며, 여기에 정립과 반정립이 각각 맡은 역할을 한다. 이렇게 하면 전체 태도를 지배하는 새로운 내용이 되어 분열을 종식시키고 대극의 에너지를 공통된 경로로 흐르게 한다. 그 결과 정체 상태가 극복되고 새로운 목표를 향해 새로운 힘을 얻어 흐를 수 있다.[10]

Transference
전이

특정 형태의 투사로, 내담자가 분석가에게 느끼는 무의식적, 정서적 유대에 사용하는 표현.

♦ **countertransference** (역전이)도 참조.

무의식의 내용은 처음에는 언제나 구체적인 인물이나 상황에 투사된다. 많은 투사는 주관적 기원임을 인식하면 궁극적으로 투사한 당사자에게 통합될 수 있지만, 일부는 통합에 저항한다. 이 경우 원래 투사 대상과 연관이 없을지라도, 결국 의사(분석가)에게 전이된다. 이 중, 이성 부모와의 관계가 중요한 역할을 하는데, 즉 아들과 어머니, 딸과 아버지, 형제자매 사이의 관계도 포함한다.[11]

투사가 그렇게 인식되면, 전이라고 알려진 특별한 형태의 라포는 끝나고 개인적 관계의 문제가 시작된다.[12]

전이는 긍정적일 수도 부정적일 수도 있는데, 긍정적 전이는 애정과 존중의 감정으로, 부정적 전이는 적대감과 저항으로 나타난다.

한 유형의 사람(유아기적 반항infantile-rebel이라 부르는)에게 긍정적 전이는 처음에는 치유적 의미를 담은 중요한 성취다. 반면, 다른 유형(유아기적 순종 infantile-obedient)에게는 위험한 후퇴이자 삶의 의무를 회피하는 편리한 방식이다. 전자의 경우 부정적 전이는 반항심이 증가해 결국 퇴보와 삶의 의무를 회피하는 행동으로 이어진다. 후자의 경우는 치유적 의미를 지닌, 한 걸음 앞으로 나아가는 과

정이 된다.[13]

융은 전이를 단지 유아기의 성적 판타지를 투사하는 것으로만 보지 않았다. 물론 분석 초기에 이러한 요소가 나타날 수 있지만, 환원적 방법을 통해 해소할 수 있다. 그 후 전이의 **목적**이 주요 쟁점이자 지침으로 작용한다.

> 꿈과 판타지를 오로지 성적으로만 해석하는 것은 환자의 심리적 자료를 심각하게 침해하는 행위다. 유아기의 성적 판타지는 결코 전부가 아니며, 이 내용에는 창조적인 요소도 포함되어 있다. 이 창조적 요소의 목적은 신경증에서 벗어나는 길을 찾는 데 있다.[14]

예를 들어 융은 전이의 치료적 중요성에 대해 모순되게 진술했다.

> 전이 현상은 모든 철저한 분석에서 불가피하게 나타나는 특징이다. 의사는 환자의 심리적 발달 과정에서 최대한 깊이 이해하고 긴밀하게 연결되어야 하기 때문이다.[15]

> 우리는 "분석가에 대한 전이"를 활용하는 게 아니라, 이에 **맞서 극복하려고** 노력한다.[16]

Transference
전이

전이는 항상 장애물이며, 이는 결코 이점이 되지 않는다.[17]

전이의 치료적 과정은 환자가 자신의 투사를 돌려받고 상실을 회복하며, 인격을 통합할 소중한 기회를 제공한다.[18]

융은 이것이 출현할 때 그 중요성을 의심하지 않았다.

적절히 훈련된 분석가는 환자를 위해 초월적 기능을 중재한다. 즉 환자가 의식과 무의식을 결합해 새로운 태도에 도달하도록 돕는다…. 환자는 전이를 통해 자신의 태도를 새롭게 해줄 것처럼 보이는 사람에게 매달리고, 이를 통해 환자는 필연적인 변화를 추구한다. 심지어 환자가 변화를 찾는다는 사실을 의식하지 못하더라도, 전이는 이 과정에서 중요한 역할을 한다. 따라서 환자에게 분석가는 삶에서 없어서는 안 될 필수 불가결한 존재로 인식된다.[19]

환자에게 무의식적으로 존재하며 건강한 기능을 위해 필요한 요소들은 분석가에게 투사된다. 여기에는 온전성에 대한 원형 이미지가 포함되는데, 그 결과 분석가는 마나 인격의 위상을 얻는다. 이후 환자의 과제는 이런 이미지를 주관적 차원에서 이해하는 것이며, 궁극적 목표는 자기 내면에서 심리적 통찰을 얻어 스스로 분석가가 되는 것이다.

전이에서 공감은 중요한 목적 요소다. 환자는 공감을 통해 분석가의 건강한 태도를 모방하면서, 한층 더 안정적으로 적응해 나간다.

> 환자는 애정이나 저항의 끈으로 분석가와 연결되어 있으며, 자신의 심리적 태도를 따르고 모방하지 않을 수 없다. 이를 통해 환자는 공감으로 자신의 길을 찾아간다고 느낀다. 그리고 분석가가 아무리 최선의 기술적 숙련도를 갖추고 있더라도 이를 막을 수는 없다. 공감은 의식적 판단이 강하게 작용하더라도, 본능적으로 확실하게 이루어진다.[20]

융은 환자의 개성화를 위해 투사된 내용을 되찾기 위해 전이를 분석하는 것이 매우 중요하다고 믿었다. 하지만 그는 투사가 철회된 후에도 양측 사이에는 강한 연결이 남아 있다고 지적했다. 이는 현대사회에서 표현될 기회가 거의 없는 본능적 요소, 즉 친족 리비도^{kinship libido} 때문이다.

> 모든 사람이 이방인들 사이에 이방인이 되었다. 친족 리비도는 초기 기독교 공동체처럼 여전히 함께

소속된다는 만족감을 불러일으킬 수 있었지만, 그 대상은 박탈되었다. 그러나 본능이기에 신념, 정당, 국가, 주state 같은 단순한 대체물로는 충족될 수 없다. 친족 리비도는 인간과 연결되기를 원한다. 이것이 바로 전이 현상의 핵심이며, 논리적으로 부정할 수 없는 사실이다. 자기 자신과의 관계는 곧 타인과의 관계이며, 자신과 연결되지 않는 한 누구도 타인과 연결될 수 없다.[21]

Transformation
변형

♦ **rebirth**(재탄생) 참조.

Trauma
트라우마

강한 정서적 충격으로 종종 억압과 인격의 분열을 동반함.

♦ **abreaction**(소산작용) 참조.

Treasure Hard to Attain
얻기 어려운 보배

넓게는 심리적 **개성**individuality에 필요한 자기 인식의 측면을 언급. 구체적으로는 **개성화**의 목표이자 **자기**와의 원만한 관계를 위한 은유.

Trickster
트릭스터

심리적으로 애매모호하고 변덕 스러운 성격을 지닌 무의식적 그림자의 경향성을 기술.

[트릭스터]는 구원자의 전신이다…. 트릭스터는 인간 이하이면서도 초인적이며, 짐승 같으면서도 신성한 존재다. 트릭스터의 가장 주요하고도 걱정스러운 특징은 바로 그의 무의식이다.[22]

소위 문명화된 인간은 트릭스터를 잊어버렸다. 자신의 무능함에 짜증이 날 때, 운명이 자신을 조롱하거나 무언가에 홀렸다고 생각할 때 트릭스터를 단지 비유적이고 은유적인 존재로만 기억한다. 하지만 트릭스터는 겉으로는 무해해 보이는 자신의 숨겨진 그림자가 실제로는 자신이 상상하는 것보다 훨씬 더 극단적인 위험성이 있다는 사실을 결코 의심하지 않는다.[23]

Type
유형

특유의 일반적 **태도**attitude나 **기능**function.

기능 유형은 사고형, 감정형, 감각형, 직관형이라 부를 수 있는데, 기본 기능의 특질에 따라 크게 두 가지, 즉 합리적인 유형과 비합리적인 유형으로 나눌 수 있다. 사고형과 감정형은 전자에 속하고 감각형과 직관형은 후자에 속한다. 이는 리비도의 움직임에 대한 지배적인 경향에 따라 두 가지 유형으로 더 나눌 수 있는데, 바로 내향형과 외향형이다.[24]

융은 부모나 다른 환경적 영향으로 인해 초기 유

형이 왜곡되면 인생 후반기에 신경증을 초래할 수 있다고 믿었다.

> 대체로 이러한 유형의 왜곡이 일어날 때마다… 개인은 나중에 신경증에 걸리고, 자신의 본성에 부합하는 태도를 발달시켜야만 치료할 수 있다.[25]

Typology
유형학

사람들 간의 차이를 설명하기 위해 개인의 태도와 행동 패턴을 분류하는 체계.

융의 유형학 모델은 문학, 신화학, 미학, 철학, 정신병리학의 유형 문제에 대한 광범위한 역사적 검토를 통해 발전했다. 이전의 분류는 기질적 또는 생리적 행동 패턴에 대한 관찰을 기반으로 한 반면, 융의 모델은 에너지의 움직임과 습관적이거나 우선적으로 사람이 세상을 지향하는 방식에 관심을 둔다.

> 첫째로, 연구자가 개인 경험의 혼란을 어떤 종류의 질서로 바꾸려면, 명확한 관점과 지침이 연구자를 위해 중요한 도구가 된다…. 둘째로, 유형학은 개인들 사이에서 일어나는 광범위한 변이를 이해하는 데 큰 도움이 되며, 현재 심리 이론의 근본적인 차이에 대한 실마리도 제공한다. 마지막으로, 실무 심리학자가 자신의 분화된 기능과 열등 기능에 대한 정확한 지식을 갖추고 있다면, 자신만의 '개인 방정식personal equation'을 결정하는 필

수 도구가 된다. 이를 통해 실무 심리학자는 환자를 대할 때 발생할 수 있는 심각한 실수를 예방할 수 있다.[26]

융은 여덟 가지 유형학적 그룹으로 구분했다. 두 가지 성격 태도인 내향성과 외향성, 그리고 네 가지 심리 기능인 사고, 감각, 직관, 감정인데, 여기서 각각의 기능은 내향적이거나 외향적 방식으로 작동할 수 있다.

내향성과 외향성은 심리적 적응 방식이다. 내향성에 있어서 에너지는 내면세계를 향한다. 반면 외향성에서는 관심이 외부 세계로 향한다. 전자의 경우 주체, 즉 내적 현실이, 그리고 후자의 경우 대상, 즉 사물이나 다른 사람, 외적 현실이 가장 중요하다.

> [내향성]은 보통 주저하고 성찰하며 숙고하는 태도를 보이며, 남과 잘 어울리지 않는 경향이 강하다. 스스로를 숨기고, 대상에게 움츠러들며, 방어적인 태도를 취하고, 불신감 강한 철저한 관찰 속에 머무는 것을 선호한다. 반대로 [외향성]은 활발하고 솔직하며, 타인을 잘 포용하는 성향으로, 주어진 상황에 빠르게 적응하고, 애착을 쉽게 형성하며, 오해를 불러일으킬 만한 모든 것을 제쳐두는 낯선 상황에도 대담하게 뛰어드는 경향이 있

Typology
유형학

다. 전자의 경우 주체가, 후자의 경우 대상이 가장 중요하다.[27]

어떤 이가 내향인지 외향인지를 결정하는 중대한 요소는 현재 어떤 태도가 작동하는지가 아니라, 행동의 동기, 즉 에너지가 자연스럽게 흐르는 주된 방향에 달려 있다.

어떤 사람이 주로 내향인지 외향인지는 각각 고유한 전문 분야를 지닌 네 가지 기능 중 하나와 관련될 때만 분명해진다. 사고는 인지적 사고 과정을 적용하고, 감각은 신체 감각 기관을 통해 지각하고, 감정은 주관적 판단이나 가치를 평가하는 기능이고, 직관은 무의식을 통한 통찰을 말한다.

간단히 말해, 감각기능은 어떤 것이 존재한다는 사실을 확립하고, 사고는 의미하는 바를 알려주고, 감정은 그 가치를 평가하고, 직관을 통해 우리는 그 가능성을 이해하게 된다.

> 이 방식으로 우리는 위도와 경도로 지리적으로 장소를 찾을 때처럼 즉각적인 세계에 대해 완전히 방향을 잡을 수 있다. 네 가지 기능은 나침반의 네 방위처럼 필수요소이지만, 그 기준은 고정불변되는 것이 아니라 필요에 따라 유동적으로 설정될 수 있다. 우리는 나침반의 기본 포인트를 원하는

방향으로 조정하거나 다른 이름을 붙일 수도 있다. 이는 관습과 이해의 문제일 뿐이다.

하지만 한 가지 고백하자면, 나는 내 심리적 발견의 항해에서 이 나침반을 결코 포기할 수 없을 것이다.[28]

융의 기본 모델은 네 가지 기능 간의 관계를 포함하는데 아래 도형에서 보이듯 사위체quaternity 구조를 이룬다(여기서 사고를 임의로 꼭대기에 두었지만, 어느 기능을 가장 선호하느냐에 따라 다른 기능을 그 자리에 배치할 수 있다).

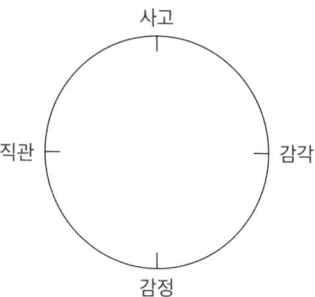

융은 어떤 한 가지 기능만으로는 우리 자신이나 주변 세계에 대한 경험을 정돈하는 데 충분하지 않으며, 포괄적인 이해를 위해서는 네 가지 기능이 모두 필요하다고 믿었다.

> 완전한 지향성orientation을 위해서는 네 가지 기능

Typology
유형학

모두 동등하게 기여해야 한다. 사고는 인지와 판단을 촉진해야 하고, 감정은 어떤 것이 우리에게 중요하거나 중요하지 않은지 그 방법과 정도를 알려주어야 하고, 감각은 시각, 청각, 미각 등을 통해 구체적인 현실을 전해주어야 하고, 직관은 주어진 상황의 완전한 그림에 관한 것이므로 배경에 숨겨진 가능성을 예측하도록 도와야 한다.[29]

융은 방향을 설정하는 이 네 가지 기능이 필수 요소이긴 하지만 의식적 정신 모두를 포함하는 것은 아니라고 인정했다. 예를 들어 의지력과 기억은 포함되지 않았는데, 이는 네 가지 유형의 기능에 영향을 받을 수는 있지만 그 자체가 개별적인 심리 유형을 결정하는 요소는 아니기 때문이다.

이상적인 것은 특정 상황에 적합한 기능에 의식적으로 접근하는 것이지만, 실제로는 네 가지 기능 중 한 가지 기능이 항상 좀 더 분화되어 있으며, 이를 우월기능 또는 주기능이라 한다. 주기능의 반대 기능은 네 번째 기능 또는 열등기능이라 부른다.

이 맥락에서 "우월"과 "열등"이라는 용어는 가치 판단을 의미하는 게 아니다. 어떤 기능이 다른 기능보다 더 우월한 것이 아니라, 우월기능은 단순히 가장 발달하고 사용 빈도가 가장 높은 기능일 뿐이다. 마찬가지로, 열등기능은 병리적인 것을 의미하는 게 아니라, 단순히 가장 선호하는 기능에 비교해서 덜 사용되는 기능을 뜻한다. 게다가 무의식의 내용이 의식으로 끊임없이 의식으로 흘러들어오기 때문에, 외부 관찰자는 물론 자신조차 어떤 기능이 의식적인 성격에 속하는지, 아니면 무의식적 성격에 속하는지를 명확히 구별하기 어려울 정도다.

> 일반적으로 판단하는 관찰자(사고형이나 감정형)는 의식적 특성에 집중하는 경향이 있는 반면, 지각하는 관찰자(감각형과 직관형)는 좀 더 무의식적 특성에 더 영향을 받는다. 왜냐하면 판단은 주로 심리적 과정에서 의식적 동기와 관련되는 반면, 인식perception은 과정 자체를 포착하고 반영하기 때문이다.[30]

의식적으로 일상에 사용되지 않아서 덜 발달한 기능은 어떻게 되는가?

> 이들은 다소 원시적이고 유아적인 상태에 머물러, 종종 반만 의식적이거나 심지어 완전히 무의식적일 때도 있다. 상대적으로 덜 발달한 기능은 각 유형의 고유한 열등함을 형성하며, 이는 그 사람의

Typology

유형학

전체 성격에 필수적인 부분이다. 사고에 지나치게 기울면 항상 감정에서 열등함을 수반하고, 감각이 지나치게 발달하면 직관에 해롭고, 그 반대의 경우도 마찬가지다.**31**

융은 네 가지 유형 중 두 가지는 합리적(또는 판단형) 기능으로, 나머지 두 가지는 비합리적(또는 인식형)으로 기술했다.

사고는 논리적인 식별 기능을 수행하므로 합리적이다. 감정 또한 우리가 좋고 싫음을 평가하는 방식으로 사고만큼이나 변별력을 지닐 수 있기에 합리적이다. 둘 다 성찰적이고, 특정 판단으로 통합되는 순차적 과정을 기반으로 한다. 감각과 직관은 논리에 따르지 않기 때문에 비합리적 기능이라 부른다. 각각은 단순히 무엇인지를 인식하는 방식이다. 감각은 외부 세계에 있는 것을 보고, 직관은 내면세계에 있는 것을 본다.

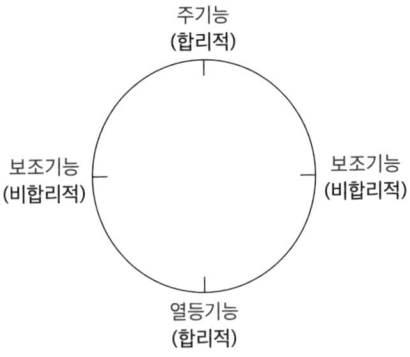

262

주기능뿐 아니라 두 번째, 세 번째 보조기능이 종종 의식에 공동으로 영향을 미칠 경우가 있다. 이 기능은 합리적이든 비합리적이든 항상 본질적으로 주기능과는 성격이 다르다.

융의 유형학 모델은 마이어스-브릭스 유형 지표Myers-Briggs Type Indicator(MBTI)와 조직 환경에서 사용하는 싱어-루미스 성격 프로파일Singer-Loomis Personality Profile 같은 현대 유형 검사에 적용되고 있다.

Unconscious
무의식

의식의 특질이 결핍된 모든 정신적 현상 전체.

♦ **collective unconscious** (집단 무의식)과 **personal unconscious** (개인 무의식) 참조.

무의식은… 정신의 본능적 힘의 원천인 동시에 이 힘을 조직화하는 형식이나 범주, 즉 원형의 원천이다.[1]

무의식의 개념은 나에게는 형이상학적 특성이 있는 철학적 개념이 아니라, **오로지 심리학적** 개념이다. 내 관점에서 무의식은 심리학적 경계 개념으로, 이는 자아의 통제를 벗어나 의식되지 않으며 우리가 직접 지각할 수 없는 모든 심혼적 내용이나 과정을 포함한다. 나는 무의식적 과정의 존재를 논하는 근거를 오직 경험에서만 찾는다.[2]

무의식은 방대하고 무궁무진하다. 무의식은 단순히 미지의 영역이나 억압된 의식적 사고와 감정의 저장소가 아니라, 앞으로 의식될 수도 있거나 의식될 가능성이 있는 내용까지 포함한다.

이렇게 정의된 무의식은 극히 유동적인 상태를 묘사한다. 내가 알고 있지만 지금은 생각하지 않는 모든 것, 한때는 의식했지만 지금은 잊어버린 모든 것, 감각으로 받아들이지만 의식으로 의식적으로 주목되지 않는 모든 것, 무심결에 내가 느끼고 생각하고 기억하고 원하며 행하는 모든 것, 내 안에서 형성되어 언젠가 의식될 미래의 모든 것, 이 모두가 무의식의 내용이다.[3]

Unconscious
무의식

무의식은 또한 사이코이드psychoid(정신양) 기능이 포함되며, 이는 의식할 수 없고 간접적으로만 알 수 있는 특징을 지닌다. 이를테면 물질과 정신의 관계가 이에 해당한다.

무의식이 과도하게 활발해지면, 의식적 행위를 마비시키는 증상으로 나타난다. 이는 무의식적 요소가 무시되거나 억압될 때 발생하기 쉽다.

> 그러면 무의식의 요구는 의식을 긴박하게 몰아붙여 결국 비참한 분열을 초래한다. 이 분열은 둘 중 하나의 방식으로 나타난다. 첫째, 주체는 더 이상 자신이 진정으로 무엇을 원하는지 알지 못하며 어떤 것에도 관심이 없다. 둘째, 한꺼번에 너무 많은 것을 원하고 지나치게 많은 관심을 가지지만, 그것들이 실현 불가능한 경우가 많다.[4]

일반적으로 무의식이 보상하는 태도는 심혼적 평형을 유지하는 역할을 한다.

> 의식적 자아를 보상하는 무의식적 과정에는 정신 전체의 자기 조절에 필요한 모든 요소가 포함된다. 개인적 차원에서는 꿈에 나타나는 의식적으로 인식되지 못한 개인적 동기나, 우리가 간과한 일상의 상황 속 의미, 우리가 도출하지 않은 결론, 허용하지 않은 감정, 우리가 스스로에게 가한 비판

등이다.[5]

유형론 측면에서 무의식은 반대되는 태도와 덜 발달된 기능을 통해 나타난다. 외향형의 경우 무의식은 주관적인 색채와 자기중심적 편향을 보이며, 내향형의 경우 외부 세계의 사람과 사물에 대한 강박적인 집착으로 나타날 수 있다. 융은 무의식을 창조적 기능으로 보았는데, 무의식은 심리적 건강을 위해 필요한 내용을 의식에 제시하는 역할을 한다. 그러나 무의식이 의식보다 우월한 것은 아니다. 무의식의 메시지(꿈, 충동 등)는 언제나 자아의 중재를 거쳐야 한다.

> 무의식은 인간의 정신 없이는 쓸모가 없다. 무의식은 항상 자신의 집단적인 목적을 추구하며, 절대 개인의 운명을 추구하지는 않는다.[6]

> 의식은 이성을 방어하고 스스로를 보호해야 하며, 무의식의 혼란스러운 삶은 우리가 감당할 수 있는 범위 안에서 자신의 길을 걷도록 기회를 주어야 한다. 이는 열린 갈등과 열린 협력을 동시에 의미한다. 결국 인간의 삶은 이러해야 한다. 이는 망치와 모루의 오래된 게임이다. 둘 사이에 인내하는 쇳덩이는 파괴될 수 없는 전체, 즉 '개인 individual'으로 단련된다.[7]

Unconsciousness
의식불명

본능과 **콤플렉스**complexes를 **동일시**identification해 일어나는 통제가 불가능한 정신적 기능 상태.

무의식은 로고스에게 원죄, 악evil 자체다.⁸

극단적인 무의식 상태에서는 강박적인 본능적 과정이 지배적이다. 그 결과 정신 활동이 제어되지 못해 두 가지 형태로 나타날 수 있다. 하나는 지나치게 억제되어 행동을 스스로 통제하지 못하는 상태이고, 다른 하나는 이와 반대로 어떠한 억제도 없이 무절제하게 본능이 드러나는 상태가 된다. 이때 정신 내에서 일어나는 일은 서로 모순되며, 비논리적인 대극이 계속 교차하는 방식으로 일어난다. 이 경우 의식의 단계는 본질적으로 꿈 같은 dream-like 상태가 되어 명확한 사고가 어려워진다. 반면에 높은 수준의 의식은 고양된 자각과 강한 의지가 작용하고, 목표지향적이고 합리적인 행동을 하며, 본능적 결정 요인이 거의 없는 것이 특징이다. 그러면 무의식은 확실히 동물 수준에 머물러 있다. 즉 낮은 수준의 의식 상태에서는 지적, 윤리적 성취가 부족하고, 높은 수준의 의식 상태에서는 자연스러움이 부족해진다.⁹

무의식의 가장 큰 위험은 암시suggestion에 취약하다는 점이다. 무의식에서 암시가 작용하면 무의식적 역동이 방출되며 효과가 더욱 강력해진다. 그러므로 의식과 무의식 사이의 간격이 점점 더 벌어질수록 이러한 분열은 정신적 감염이나 집단적 정

신병(집단 광기) 같은 위험이 커진다.[10]

Union of Opposites
대극의 합일

♦ **opposites**(대극) 참조.

Unus Mundus
하나의 세계

♦ **conjunctio**(결합) 참조.

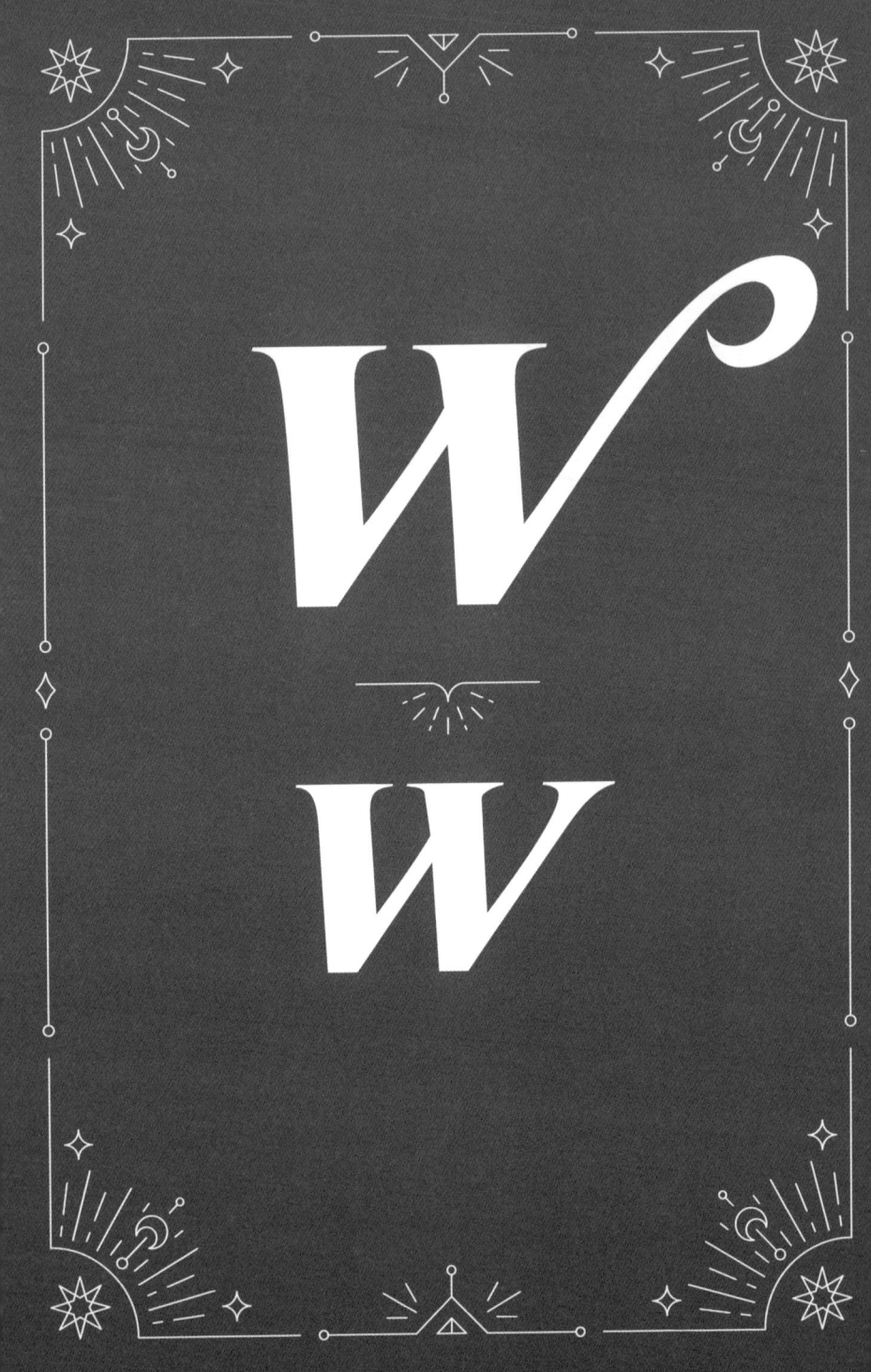

Wholeness
완전성, 온전성

의식과 무의식이 조화를 이루는 상태.

♦ **self**(자기) 참조.

'온전성'은 처음 보기에는 그저 추상적인 아이디어(아니마와 아니무스처럼)일 뿐이지만, 정신적 차원에서 자발적이거나 자율적인 상징의 형태로 예측이 된다는 점에서 경험에 의거한다. 이들은 사위체quaternity나 만다라 같은 형태의 상징이 포함되며, 이에 관해 들어본 적도 없는 현대인의 꿈에서 나타날 뿐만 아니라 다양한 시대와 여러 민족의 역사적 기록에서도 광범위하게 전해진다. **통일성**unity과 **전체성**totality의 **상징**으로 그 중요성은 역사적 증거뿐 아니라 경험적 심리학으로 충분히 확인된다.[1]

개성화의 목표는 자기와의 생명력 넘치는 연결을 이루는 것인데, 융은 완전성과 완벽함을 추구하는 상반된 욕망을 대조했다.

> 자기의 실현은 자기의 우월성supremacy을 인식하고 논리적으로 따라야 하지만, 근본적인 갈등, 대극 사이의 진정한 정지 상태(두 도둑 사이에 매달린 십자가에 못 박힌 그리스도를 연상시킨다)로 이어지고, 완벽하지 않은 온전성에 근접한 상태로 이어진다…. 개인은 완벽을 추구하는 데 매진할 수 있지만, 자신의 의도와는 상반된 고통을 겪어야 한다.[2]

Will
의지

의식에 따라 본능을 어느 정도 통제할 수 있는 심리적 에너지나 리비도의 양.

의지는 문화와 도덕 교육 덕분에 존재하는 심리적 현상으로, 원시적인 사고방식에는 대부분 결핍되어 있다.**3**

Wise Old Man
노현자

의미와 지혜의 원형 이미지.

융의 용어로, 노현자는 남성성의 영이 의인화한 것이다. 남성의 심리에서 아니마는 현자와 마치 딸과 아버지 관계처럼 연결된다. 여성의 경우 노현자는 아니무스의 한 측면이다. 남성과 여성 모두 여성성에 해당하는 이미지는 위대한 어머니 the Great Mother다.

> 노현자 형상은 꿈에서뿐 아니라 심상적 명상(또는 '적극적 명상'이라 부르는 것)에서도 매우 강렬하게 등장할 수 있어서, …때로는 구루의 역할을 대신한다. 노현자는 마법사, 의사, 성직자, 교사, 교수, 할아버지 또는 권위의 소유자로 위장하고 꿈에 나타난다.**4**

Word Association Experiment
단어연상실험

무의식의 **콤플렉스**complexes의 실체와 자율성을 드러내기 위해서 융이 고안한 테스트.

우리의 의식적인 의도와 행동은 종종 무의식적인 과정에 의해 좌절되며, 이 과정의 존재 자체가 우리에게 끊임없이 놀라움을 안겨준다. 우리는 말실수나 글쓰기 실수를 저지르며 때로는 무의식으로 가장 철저하게 숨겨진 비밀을 드러내는 행동을

> 한다. 이 비밀은 때로 우리 자신조차도 모른다…. 이러한 현상은… 연상 검사association tests를 통해 실험적으로 입증될 수 있으며, 이는 사람들이 말할 수 없거나 말하지 않으려는 사실을 찾아내는 데 매우 유용하다.[5]

단어연상실험은 백 개의 단어 목록으로 구성되는데 실험 참가자는 이 단어에 즉각 연상되는 단어를 답해야 한다. 실험을 진행하는 사람은 반응의 지연시간을 스톱워치로 측정한다. 이를 두 번 반복하여 이전과 다른 반응을 알아챈다. 마지막으로 피험자는 평균보다 긴 반응 시간을 보였거나 단순한 기계적 응답, 또는 두 번째 실행에서 다르게 연상한 단어들에 대해 의견을 묻는다. 질문자는 이 단어들을 '콤플렉스 지표'로 표시한 후 피험자와 논의한다.

그 결과 개인적 콤플렉스의 '지도'가 완성되고, 이는 자기 자신을 이해하고 인간관계를 방해하는 요인을 파악하는 데 유용하다.

> 연상 검사에서 일어나는 일은 두 사람 사이의 모든 논의에서도 일어난다. …논의는 객관적인 성격과 진정한 목적을 잃게 되는데, 포진된 콤플렉스가 화자의 의도를 좌절시키고 나중에 더 이상 기억할 수 없는 답변을 무의식적으로 내뱉게 만들기

때문이다.⁶

Wounded Healer
상처 입은 치유자

분석적 관계에서 활성화될 수 있는 원형적 역동.

이 용어는 그리스 의사 아스클레피오스의 전설에서 유래한다. 자신의 상처를 인식한 아스클레피우스는 다른 사람들의 상처를 치유하기 위해 에피다우루스에 성소를 설립했다.

치료되기를 갈구하는 사람들은 부화incubation라 부르는 과정을 거쳤다. 먼저 영혼과 육체를 정화하는 효과가 있다고 여겨지는 목욕을 했다. 예비 단계의 제물을 바친 후, 부화를 하는 사람들은 소파에 누워 잠을 청했다. 운이 좋으면 치유의 꿈을 꾸고, 운이 더 좋으면 밤에 뱀이 들어와 이들을 문다.

상처 입은 치유자 원형은 융이 관계에서 의사소통의 흐름을 설명하는 데 사용한 다이어그램을 변형해 도식화할 수 있다.⁷

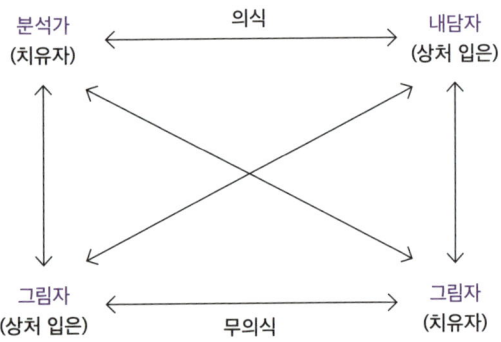

이 그림에는 여섯 개의 양방향 화살표가 표시되어 있는데, 분석가와 내담자 사이에서 정보가 전해지는 열두 가지 경로가 있다. 이 패러다임에 따르면, 분석가의 상처는 오랜 기간 개인 분석 후 상대적으로 의식하는 것으로 추정되지만, 그림자의 존재로 살아간다. 이러한 상처들은 항상 특정 상황에서 재구성될 수 있으며, 특히 상처가 비슷한 사람과 작업할 때 더욱 그러하다(이는 분석에서 역전이 반응의 토대가 된다).

한편, 상처 입은 내담자의 내면의 치유자가 그림자 속에 있지만 잠재적으로는 존재한다. 내담자의 상처는 분석가의 상처를 자극하며 분석가는 이에 반응하고, 상황을 인식하며, 의식적으로든 무의식적으로든 다양한 방식으로 이 인식을 내담자에게 다시 전달한다.

이 모델에서, 분석가와 내담자 사이의 무의식적 관계는 치유 과정에서 의식적으로 전달되는 것만큼이나 중요하다. 두 가지 중요한 함의가 있다.

(1) 치유는 분석가가 무의식과 지속적인 관계를 맺고 있을 때만 이루어질 수 있다. 그렇지 않으면 분석가가 인플레이션 형태로, 구세주 원형과 동일시될 위험이 있다.

(2) 심층심리학은 위험한 전문직인데, 분석가가 끊임없이 타인의 상처로 감염되는 경향이 있다. 또는 분석가 자신의 상처가 다시 벌어진다.

Wounded Healer
상처 입은 치유자

어떤 분석도 모든 무의식을 영원히 배제할 수는 없다. 분석가는 끊임없이 배워야 하며, 각 새로운 사례마다 새로운 문제가 드러나 이전에는 없었던 무의식적 가정을 불러일으킨다는 사실을 절대 잊지 말아야 한다. 약간 과장을 덧붙여 말하자면, 조금이라도 깊이 살피는 모든 치료법의 절반은 의사의 자기를 점검하는 과정에 있다는 것이다. 분석가가 자신을 바로잡아야 환자도 바로잡을 수 있는 희망이 생기기 때문이다. 만일 환자가 자신을 공격한다거나 심지어 자신에게 점수를 매긴다고 느낄지라도, 손실이 아니다. 오히려 자신의 상처를 제대로 아는 것이야말로 치유할 수 있는 힘의 척도가 된다. 이것만이 상처 입은 치유자wounded physician라는 그리스 신화의 의미다.[8]

미주

A

1 〈Concerning Rebirth(재탄생에 관하여)〉, 《전집》 9권 상, 213f항.
2 〈Some Crucial Points in Psychoanalysis(정신분석의 몇 가지 중요한 점)〉, 《전집》 4권, 582항.
3 위의 글, 위의 책, 584항.
4 〈Definitions(정의)〉, 《전집》 6권, 678항.
5 위의 글, 위의 책, 679항.
6 〈The Conjunction(결합)〉, 《전집》 14권, 706항.
7 중세 성배 전설의 인용으로, 파르지팔이 묻는 데 실패한 질문이다. "성배가 누구를 위하여 존재하는가?"
8 〈The Conjunction(결합)〉, 《전집》 14권, 753항.
9 위의 글, 위의 책, 756항.
10 〈Definitions(정의)〉, 《전집》 6권, 761항.
11 〈The Transcendent Function(초월적 기능)〉, 《전집》 8권, 143항.
12 〈On Psychic Energy(정신 에너지에 관하여)〉, 위의 책, 75항.
13 〈Psychoanalysis and Neurosis(정신분석과 신경증)〉, 《전집》 4권, 569항.
14 위의 글, 위의 책, 574항(원문에 이탤릭체).
15 〈The Shadow(그림자)〉, 《전집》 9권 하(아이온^{Aion}), 15항.
16 〈Some Crucial Points in Psychoanalysis(정신분석의 몇 가지 중요한 점)〉, 《전집》 4권, 643항.
17 〈The Transcendent Function(초월적 기능)〉, 《전집》 8권, 142항.
18 융은 의도적으로 'psychoanalysis(정신분석)' 대신 이 표현을 사용했다. "나는 이 용어를 프로이트학파에 전적으로 맡기려 한다. 정신분석으로 이해하는 것은 단순히 기법이 아니라, 프로이트의 성 이론(sexual theory)과 도그마적으로 연결되어 있고 기반을 둔 방법이다. 프로이트가 정신분석과 성 이론은 불가분

의 관계로 엮여 있다고 공개 선언하자, 나는 다른 길로 방향을 틀 수밖에 없었다." (〈Analytical Psychology and Education(분석심리학과 교육)〉, 《전집》 17권, 180항.)

19 〈Analytical Psychology and Education(분석심리학과 교육)〉, 위의 책, 177항.

20 위의 글, 위의 책, 178항.

21 〈The Psychology of Transference(전이의 심리학)〉, 《전집》 16권, 381항.

22 〈Appendix(부록)〉, 위의 책, 543항.

23 〈Problems of Modern Psychotherapy(현대 사이코테라피의 문제점)〉, 위의 책, 172항.

24 〈Archetypes of the Collective Unconscious(집단 무의식의 원형)〉, 《전집》 9권 상, 66항.

25 〈The Syzygy: Anima and Animus(대접: 아니마와 아니무스)〉, 《전집》 9권 하, 24항.

26 〈Archetypes of the Collective Unconscious(집단 무의식의 원형)〉, 《전집》 9권 상, 57항.

27 〈Concerning the Archetypes and the Anima Concept(원형과 아니마 개념에 관하여)〉, 위의 책, 144항.

28 〈Anima and Animus(아니마와 아니무스)〉, 《전집》 7권, 309항.

29 〈Definitions(정의)〉, 《전집》 6권, 804항.

30 위의 글, 위의 책, 807항.

31 〈The Psychology of Transference(전이의 심리학)〉, 《전집》 16권, 361항.

32 〈Anima and Animus(아니마와 아니무스)〉, 《전집》 7권, 316항.

33 〈The Syzygy: Anima and Animus(대접: 아니마와 아니무스)〉, 《전집》 9권 하, 40항.

34 〈Concerning the Archeypes and the Anima Concept(원형과 아니마 개념에 관하여)〉, 《전집》 9권 상, 146f항.

35 〈Anima and Animus(아니마와 아니무스)〉, 《전집》 7권, 323f항.

36 〈Archetypes of the Collective Unconscious(집단 무의식의 원형)〉, 《전집》 9권 상, 61항.

37 〈The Mana-Personality(마나 인격)〉,《전집》7권, 374항.

38 〈The Syzygy: Anima and Animus(대짝: 아니마와 아니무스)〉,《전집》9권 하, 28f항.

39 〈Anima and Animus(아니마와 아니무스)〉,《전집》7권, 336항.

40 가끔은 융 또한 아니무스를 여성의 영혼으로도 언급했다. soul(영혼)과 soul-image(영혼 이미지)도 참조.

41 〈Anima and Animus(아니마와 아니무스)〉,《전집》7권, 337항.

42 〈The Syzygy: Anima and Animus(대짝: 아니마와 아니무스)〉,《전집》, 9권 하, 29항.

43 위의 글, 위의 책, 33항.

44 〈Anima and Animus(아니마와 아니무스)〉,《전집》7권, 334항.

45 〈The Psychology of Transference(전이의 심리학)〉,《전집》16권, 422항에서 개조.

46 〈Anima and Animus(아니마와 아니무스)〉, 앞의 책, 336항.

47 〈The Personification of the Opposites(대극의 의인화)〉,《전집》14권, 152항.

48 〈Psychological Types(심리적 유형)〉,《전집》7권, 897항.

49 〈The Structure of the Psyche(정신의 구조)〉,《전집》8권, 288항.

50 위의 글, 위의 책, 294항.

51 〈Archaic Man(고태적 인간)〉,《전집》10권, 105항.

52 〈Definitions(정의)〉,《전집》6권, 684항.

53 〈Mind and Earth(마음과 지구)〉,《전집》10권, 53항.

54 〈Concerning the Archetypes and the Anima Concept(원형과 아니마 개념에 관하여)〉,《전집》9권 상, 136항.

55 〈On the Nature of the Psyche(정신의 본질에 관하여)〉,《전집》8권, 435항.

56 〈A Psychological Approach to the Trinity(삼위일체에 심리적 접근)〉,《전집》11권, 222항. 노트 2.

57 〈On the Nature of the Psyche(정신의 본질에 관하여)〉,《전집》8권, 414항.

58 위의 글, 위의 책, 415항.

59 〈The Psychology of the Child Archetype(어린이 원형의 심리학)〉, 《전집》 9권 상, 267항.

60 〈On the Nature of the Psyche(정신의 본질에 관하여)〉, 《전집》 8권, 414항.

61 〈The Psychology of the Child Archetype(어린이 원형의 심리학)〉, 《전집》 9권 상, 267항.

62 〈The Psychological Aspects of the Koree(코레의 심리적 측면)〉, 위의 책, 309항.

63 〈Definitions(정의)〉, 《전집》 6권, 685f항.

64 위의 글, 위의 책, 835항.

65 위의 글, 위의 책, 690f항.

66 〈On Psychic Energy(정신 에너지에 관하여)〉, 《전집》 8권, 61항.

67 위의 글, 위의 책.

68 〈General Description of the Types(유형의 일반적 서술)〉, 《전집》 6권, 667항.

69 위의 글, 위의 책, 669항.

C

1 〈Problems of Modern Psychotherapy(현대 사이코테라피의 문제점)〉, 《전집》 16권, 134항.

2 위의 글, 위의 책, 137항.

3 〈The Psychology of the Child Archetype(어린이 원형의 심리학)〉, 《전집》 9권 상, 299항.

4 위의 글, 위의 책, 285항.

5 위의 글, 위의 책, 287항.

6 〈The Persona as a Segment of the Collective Psyche(집단정신의 일부으로서의 페르소나)〉, 《전집》 7권, 244항.

7 〈The Structire of the Unconscious(무의식의 구조)〉, 위의 책, 485항.

8 〈Definitions(정의)〉,《전집》6권, 692항.

9 〈The Structure of the Psyche(정신의 구조)〉,《전집》8권, 342항.

10 〈The Psychology of the Child Archetype(어린이 원형의 심리학)〉,《전집》9권 상, 262항.

11 〈The Structure of the Psyche(정신의 구조)〉,《전집》8권, 325항.

12 〈The Function of the Unconscious(무의식의 기능)〉,《전집》7권, 275항.

13 〈Definitions(정의)〉,《전집》6권, 694항.

14 〈A Review of the Complex Theory(콤플렉스 이론의 재검토)〉,《전집》8권, 201항.

15 위의 글, 위의 책, 210항.

16 〈Psychological Factors in Human Behaviour(인간 행동의 심리적 요인)〉, 위의 책, 253항.

17 〈A Review of the Complex Theory(콤플렉스 이론의 재검토)〉, 위의 책, 204항.

18 위의 글, 위의 책, 200항.

19 〈A Psychological Theory of Types(유형의 심리적 이론)〉,《전집》6권, 925항.

20 위의 글, 위의 책, 925항.

21 〈Psychological Factors in Human Behaviour(인간 행동의 심리적 요인)〉,《전집》8권, 255항.

22 〈Psychotherapy and a philosophy of Life(정신요법과 생명의 철학)〉,《전집》16권, 179항.

23 〈Psychological Aspects of the Mother Archetype(모성 원형의 심리적 측면)〉,《전집》9권 상, 184항.

24 〈Definitions(정의)〉,《전집》6권, 699항.

25 위의 글, 위의 책, 697항.

26 Adler, Jaffé(ed.),《C.G. Jung Letters(융의 서신집)》1, p.375.

27 〈Individual Dream Symbolism in Relation to Alchemy(연금술과 연관된 개인의

꿈 상징), 《전집》 12권, 259항.

28 〈Psychological Aspects of the Mother Archetype(모성 원형의 심리적 측면)〉, 《전집》 9권 상, 179항.

29 〈Some Crucial Points in Psychoanalysis(정신분석의 몇 가지 중요한 점)〉, 《전집》 4권, 606항.

30 〈The Psychology of the Transference(전이의 심리학)〉, 《전집》 16권, 355항.

31 〈Psychological Aspects of the Mother Archetype(모성 원형의 심리적 측면)〉, 《전집》 9권 상, 178항.

32 〈Analytical Psychology and Education(분석심리학과 교육)〉, 《전집》 17권, 207항.

33 〈The Psychology of Eastern Meditation(동양 명상의 심리학)〉, 《전집》 11권, 935항.

34 〈A Review of the Complex Theory(콤플렉스 이론의 재검토)〉, 《전집》 8권, 198항.

35 〈Definitions(정의)〉, 《전집》 6권, 710항.

36 〈The Transcendent Function(초월적 기능)〉, 《전집》 8권, 145항.

37 〈Analytical Psychology and Education(분석심리학과 교육)〉, 《전집》 17권, 195항.

38 〈General Aspects of Dream Psychology(꿈 심리학의 일반적 측면)〉, 《전집》 8권, 519항.

39 〈Appendex(부록)〉, 《전집》 16권, 545항.

40 〈The Psychology of the Transference(전이의 심리학)〉, 위의 책, 470항.

D

1 〈The Sacrifice(희생)〉, 《전집》 5권, 625항.

2 〈The Psychology of the Transference(전이의 심리학)〉, 《전집》 16권, 373항.

3 〈Definitions(정의)〉, 《전집》 6권, 705항.

4 위의 글, 위의 책, 705항.

5 〈Marriage as a Psychological Relationship(심리학적 관계로서의 혼인)〉, 《전집》 17권, 334f항.

6 〈The Philosophical Tree(철학적 나무)〉, 《전집》 13권, 465항.

7 〈Analytical Psychology and Education(분석심리학과 교육)〉, 《전집》 17권, 189항.

8 〈On the Nature of Dreams(꿈의 본성에 대하여)〉, 《전집》 8권, 545항.

9 위의 글, 위의 책, 546항.

10 〈General Aspects of Dream Psychology(꿈 심리학의 일반적 측면)〉, 위의 책, 509항.

E

1 〈Analytical Psychology and Education(분석심리학과 교육)〉, 《전집》 17권, 169항.

2 〈The Undiscovered Self(발견되지 않은 자기)〉, 《전집》 10권, 491항.

3 〈Transformation Symbolism in the Mass(미사에서 변형의 상징주의)〉, 《전집》 11권, 391항.

4 〈The Self(자기)〉, 《전집》 9권 하, 47항.

5 〈Psychological Aspects of the Mother Archetype(모성 원형의 심리적 측면)〉, 《전집》 6권, 179항.

6 〈The Type Problem in Aesthetics(미학에서 유형 문제)〉, 《전집》 6권, 489항.

7 위의 글, 위의 책, 492항.

8 〈Definitions(정의)〉, 위의 책, 709항.

9 〈The Phenomenology of the Spirit in Fairytales(민담에 나타난 정신 현상에 관하여)〉,《전집》9권 상, 397항.

10 〈The Syzygy: Anima and Animus(대점: 아니마와 아니무스)〉,《전집》9권 하, 29항.

11 〈The Eros Theory(에로스 이론)〉,《전집》7권, 32항.

12 〈The problem of the Attitude-Type(태도-유형의 문제)〉, 위의 책, 78항.

13 〈Psychological Aspects of the Mother Archetype(모성 원형의 심리적 측면)〉,《전집》9권 상, 167항.

14 〈Psychological Typology(심리적 유형학)〉,《전집》6권, 972항.

15 위의 글, 위의 책.

16 〈Psychological Types(심리적 유형)〉, 위의 책, 896항.

17 〈Psychological Typology(심리적 유형학)〉,《전집》6권, 973항.

18 위의 글, 위의 책, 974항.

19 〈General Description of the Types(유형의 일반적 서술)〉,《전집》6권, 564항.

20 위의 글, 위의 책, 565항.

21 위의 글, 위의 책, 572항.

F

1 〈Definitions(정의)〉,《전집》6권, 720항.

2 위의 글, 위의 책, 714항.

3 〈The Technique of Differentiation(분화의 기법)〉,《전집》7권, 358항.

4 〈The Phenomenology of the Spirit in Farirytales(민담에 나타난 정신 현상에 관하여)〉,《전집》9권 상, 396항.

5 〈The Origin of the Hero(영웅의 기원)〉,《전집》5권, 272항.

6 《주역》(리차드 빌헬름Richard Wilhelm 편, p.80)에서 18번 괘를 참조. "이미 망가진

것, 잘못된 것, 부패한 것에 대해 일해야 한다. 즉 문제가 생긴 것을 바로잡아야 한다(Work on What Has Been Spoiled)."

7 〈The Personification of the Opposites(대극의 의인화)〉,《전집》14권, 232항.
8 〈The Psychology of te Transference(전이의 심리학)〉,《전집》16권, 531항.
9 〈Definitions(정의)〉,《전집》6권, 725항.
10 Teleology implies the aniticipation of a particular end or goal; finality assumes purpose but an essentially unknown goal(목적론은 특별한 결과나 목표에 대한 예상을 시사한다. 궁극성은 목적을 추정하지만 본질적으로 알려지지 않은 목적을 말한다).
11 〈General Aspects of Dream Psychology(꿈 심리학의 일반적 측면)〉,《전집》8권, 456항.
12 〈On Psychic Energy(정신 에너지에 관하여)〉, 위의 책, 2f항.
13 〈The Theory of Psychoanalysis(정신분석의 이론)〉,《전집》4권, 254f항.
14 〈A Psychological Theory of Types(유형의 심리적 이론)〉,《전집》6권, 958f항.
15 〈The Type Problem in Aesthetics(미학에서 유형 문제)〉, 위의 책, 502f항.

H

1 〈The Psychology of the Child Archetype(어린이 원형의 심리학)〉,《전집》9권 상, 284항.
2 〈The Dual Mother(이중의 어머니)〉,《전집》5권, 612항.
3 위의 글, 위의 책, 516항.
4 〈The Conjunction(결합)〉,《전집》14권, 756항.
5 Joseph Campbell(조지프 켐벨),《The Hero with a Thousand Faces(천의 얼굴을 가진 영웅)》의 개작, Bollingen Series 17(프린스턴대학교 출판부, 1949), p.245.
6 〈The Dual Mother(이중 어머니)〉,《전집》5권, 611항.

7 〈Concerning the Archetypes and the Anima Concept(원형과 아니마 개념에 관하여)〉,《전집》9권 상, 146항.

8 〈General Description of the Types(유형의 일반적 서술)〉,《전집》6권, 566항.

9 위의 글, 위의 책, 566항.

I

1 〈Definitions(정의)〉,《전집》6권, 742항.

2 위의 글, 위의 책, 738항.

3 〈On the Nature of the Psyche(정신의 본질에 관하여)〉,《전집》8권, 425항.

4 〈The Philosophical Tree(철학적 나무)〉,《전집》13권, 454항.

5 〈Definitions(정의)〉,《전집》6권, 812항.

6 〈The Functions of the Unconscious(무의식의 기능)〉,《전집》7권, 295항.

7 〈Symbols of the Mother and of Child(어머니와 아이의 상징)〉,《전집》5권, 351항.

8 〈The Psychology of Transference(전이의 심리학)〉,《전집》16권, 471항.

9 〈The Structure of the Unconscious(무의식의 구조)〉,《전집》7권, 519항.

10 위의 글, 위의 책, 485항.

11 〈The Assimilation of the Unconscious(무의식의 동화)〉, 위의 책, 240항.

12 〈Definitions(정의)〉,《전집》6권, 761항.

13 〈Undiscovered Self(발견되지 않은 자기)〉,《전집》10권, 511항.

14 위의 글, 위의 책, 540항. (원문에는 이탤릭체로 표기)

15 〈The Function of the Unconscious(무의식의 기능)〉,《전집》7권, 267f항.

16 〈Definitions(정의)〉,《전집》6권, 756항.

17 위의 글, 위의 책, 755항.

18 위의 글, 위의 책, 806항.

19 〈Definitions(정의)〉,《전집》6권, 757항.

20 〈The Function of the Unconscious(무의식의 기능)〉,《전집》7권, 269항.

21 〈Definitions(정의)〉,《전집》6권, 758항.

22 〈On the Nature of the Psyche(정신의 본질에 관하여)〉,《전집》8권, 432항.

23 〈The Psychology of Transference(전이의 심리학)〉,《전집》16권, 448항.

24 〈Adaptation, Individuation, Collectivity(적응, 개성화, 집단성)〉,《전집》18권, 1095f항.

25 〈Definitions(정의)〉,《전집》6권, 761항.

26 〈The Psychology of the Child Archetype(어린이 원형의 심리학)〉,《전집》9권 상, 278항.

27 〈On the Nature of the Psyche(정신의 본질에 관하여)〉,《전집》8권, 432항.

28 〈The Psychology of the Transference(전이의 심리학)〉,《전집》16권, 400항.

29 〈Concerning Reirth(재탄생에 관하여)〉,《전집》9권 상, 222항.

30 〈The Phenomenology of the Spirit in Fairytales(민담에 나타난 정신 현상에 관하여)〉, 위의 책, 431항

31 〈The Problem of the Attitude-Type(태도-유형의 문제)〉,《전집》7권, 85항.

32 〈Definitions(정의)〉,《전집》6권, 764항.

33 위의 글, 위의 책, 764항.

34 〈General Description of the Types(유형의 일반적 서술)〉, 위의 책, 670항.

35 〈The Problem of the Attitue-Type(태도-유형의 문제)〉,《전집》7권, 86항.

36 〈Epilogue(맺음말)〉,《전집》12권, 563항.

37 〈The Self(자기)〉,《전집》9권 하, 44항.

38 〈Definitions(정의)〉,《전집》6권, 765항.

39 〈The Transcendent Function(초월적 기능)〉,《전집》8권, 161항.

40 〈Psychotherapy and a Philosophy of Life(정신요법과 생명의 철학)〉,《전집》16권, 185항.

41 〈Psychological Factors in Human Behaviour(인간 행동의 심리적 요인)〉,《전집》

8권, 255항.

42 〈The Eros Theory(에로스 이론)〉, 《전집》 7권, 32항.

43 〈Psychological Factors in Human Behaviour(인간 행동의 심리적 요인)〉, 《전집》 8권, 245항.

44 〈Analytical Psychology and Education(분석심리학과 교육)〉, 《전집》 17권, 206항.

45 〈On the Nature of the Psyche(정신의 본질에 관하여)〉, 《전집》 8권, 407항.

46 〈The Sacrifice(희생)〉, 《전집》 5권, 615항.

47 〈Definitions(정의)〉, 《전집》 6권, 768항.

48 위의 글, 위의 책, 769항.

49 〈Psychological Types(심리적 유형)〉, 《전집》 6권, 893항.

50 〈Psychological Typology(심리적 유형학)〉, 위의 책, 976f항.

51 〈Psychological Types(심리적 유형)〉, 위의 책, 897항.

52 〈General Description of the Types(유형의 일반적 서술)〉, 위의 책, 626항.

53 위의 글, 위의 책.

54 〈Psychologcal Typology(심리적 유형학)〉, 위의 책, 979항.

55 〈The Psychology of the Transference(전이의 심리학)〉, 《전집》 16권, 492항.

56 〈Definitions(정의)〉, 《전집》 6권, 770항.

57 위의 글, 위의 책, 771항.

58 위의 글, 위의 책, 776f항.

59 〈General Description of the Types(유형의 일반적 진술)〉, 위의 책, 616항.

K

1 〈The Psychological Aspects of the Kore(코레의 심리적 측면)〉, 《전집》 9권 상, 311항.

2 〈The Psychological Aspects of the Kore(코레의 심리적 측면)〉,《전집》9권 상, 316항.

L

1 〈The Technique of Differentiation(분화의 기법)〉,《전집》7권, 345항.
2 〈Psychoanalysis and Neurosis(정신분석과 신경증)〉,《전집》4권, 567항.
3 〈The Concept of Libido(리비도의 개념)〉,《전집》5권, 194항.
4 〈Symbols of the Mother and Rebirth(어머니와 재탄생의 상징들)〉, 위의 책, 337항.
5 〈The Problem of the Attitude-Type(태도-유형의 문제)〉,《전집》7권, 76항.
6 〈The Structure of the Unconscious(무의식의 구조)〉, 위의 책, 488항.
7 〈Psychological Aspects of the Mother Archetype(모성 원형의 심리적 측면)〉,《전집》9권 상, 178항.
8 〈The Personification of the Opposites(대극의 의인화)〉,《전집》14권, 224f항.
9 위의 글, 위의 책, 225항.
10 〈Concering Rebirth(재탄생에 관하여)〉,《전집》9권 상, 213항.

M

1 〈The Mana-Personality(마나 인격)〉,《전집》7권, 377항.
2 위의 글, 위의 책, 389항.
3 위의 글, 위의 책, 380항.
4 〈The Conjunction(결합)〉,《전집》14권, 708항.
5 위의 글, 위의 책, 710항.

6 〈Psychological Aspects of the Mother Archetype(모성 원형의 심리적 측면)〉, 《전집》 9권 상, 162항.

7 위의 글, 위의 책, 164f항.

8 위의 글, 위의 책, 167항.

9 위의 글, 위의 책, 168항.

10 위의 글, 위의 책, 169항.

11 위의 글, 위의 책, 182항.

12 위의 글, 위의 책, 170항.

13 위의 글, 위의 책, 186항.

14 〈The Psychology of the Child Archetype(어린이 원형의 심리학)〉, 위의 책, 261항.

N

1 〈The Personal and the Collective Unconscious(개인적 그리고 집단적 무의식)〉, 《전집》 7권, 218항.

2 〈Tavistock Lectures(타비스톡 강좌)〉, 《전집》 18권, 383항.

3 〈Analytical Psychology and Education(분석심리학과 교육)〉, 《전집》 17권, 204항.

4 〈The Tavistock Lectures(타비스톡 강좌)〉, 《전집》 18권, 389항.

5 〈The Problem of the Attitue-Type(태도-유형의 문제)〉, 《전집》 7권, 68항.

6 〈The Philosophical Tree(철학적 나무)〉, 《전집》 13권, 473항.

7 〈Psychoanlaysis and Neurosis(정신분석과 신경증)〉, 《전집》 4권, 570항.

8 〈The Philosophical Tree(철학적 나무)〉, 《전집》 13, 464항.

9 〈The Eros Theory(에로스 이론)〉, 《전집》 7, 33항.

10 〈Psycoanalysis and Neurosis(정신분석과 신경증)〉, 《전집》 4권, 564항.

11 〈The Function of the Unconscious(무의식의 기능)〉,《전집》7권, 291항.

12 〈The Psychology of the Transference(전이의 심리학)〉,《전집》16권, 455항.

13 〈On Psychic Energy(정신 에너지에 관하여)〉,《전집》8권, 68항.

14 〈Symbols of the Mother and of Rebirth(어머니와 재탄생의 상징들)〉,《전집》5권, 306항.

15 〈The Conjunction(결합)〉,《전집》14권, 741항.

16 〈Psychology and Religion(심리학과 종교)〉,《전집》11권, 6항.

0

1 〈The Tavistock Lectures(타비스톡 강좌)〉,《전집》18권, 377항.

2 위의 글, 위의 책, 378항.

3 〈Definitions(정의)〉,《전집》6권, 779항.

4 〈General Aspect of Dream Psycholgy(꿈 심리학의 일반적 측면)〉,《전집》8권, 515항.

5 〈Psychological Aspects of the Mother Archetype(모성 원형의 심리적 측면)〉,《전집》9권 상, 178항.

6 〈Analytical Psychology and Weltanschauung(분석심리학과 세계관)〉,《전집》8권, 706항.

7 〈The Problem of the Attitude-Type(태도-유형의 문제)〉,《전집》7권, 78항.

8 〈Psychology of the Child Archetype(어린이 원형의 심리학)〉,《전집》9권 상, . 285항.

9 〈On Psychic Energy(정신 에너지에 관하여)〉,《전집》8권, 49항.

10 〈The Psychology of the Transference(전의의 심리학)〉,《전집》9권 하, 126항.

11 〈Christ, A Symbol of the Self(그리스도, 자기의 상징)〉,《전집》9권 하, 126항.

P

1 〈The Function of the Unconscious(무의식의 기능)〉,《전집》7권, 293항.
2 위의 글, 위의 책, 294항.
3 〈Mind and Earth(마음과 지구)〉,《전집》10권, 74항.
4 〈Definitions(정의)〉,《전집》6권, 781항
5 위의 글, 위의 책, 741항.
6 위의 글, 위의 책, 801항.
7 〈Concering Rebirth(재탄생에 관하여)〉,《전집》9권 상, 221항.
8 〈Anima and Animus(아니마와 아니무스)〉,《전집》7권, 318항.
9 〈The Persona as a Segment of the Collective Psyche(집단정신의 일부로서의 페르소나)〉, 위의 책, 245f항.
10 〈Anima and Animus(아니마와 아니무스)〉, 위의 책, 307항.
11 위의 글, 위의 책, 305항.
12 〈The Persona as a Segment of the Collective Psyche(집단정신의 일부로서의 페르소나)〉,위의 책, 247항.
13 〈The Personal and the Collecive Unconscious(개인적 그리고 집단적 무의식)〉, 위의 책, 103항.
14 〈Definitions(정의)〉,《전집》6권, 798f항.
15 〈Anima and Animus(아니마와 아니무스)〉,《전집》7권, 312항.
16 〈Psychology and Religion(심리학과 종교)〉,《전집》11권, 92항.
17 〈Concering Rebirth(재탄생에 관하여)〉,《전집》9권 상, 222f항.
18 〈Definitions(정의)〉,《전집》6권, 763항.
19 〈General Desciption of the Types(유형의 일반적 설명)〉, 위의 책, 575항.
20 〈A Review of the Complex Theory(콤플렉스 이론의 재검토)〉,《전집》8권, 218항.
21 〈On Psychic Energy(정신 에너지에 관하여)〉, 위의 책, 218항.

22 〈On Psychic Energy(정신 에너지에 관하여)〉,《전집》8권, 61항.

23 위의 글, 위의 책, 62항.

24 〈General Aspect of Dream Psychology(꿈 심리학의 일반적 측면)〉, 위의 책, 507항.

25 〈Definitions(정의)〉,《전집》6권, 783항.

26 〈The Tavistock Lectures(타비스톡 강좌)〉,《전집》18권, 352항.

27 〈General Aspect of Dream Psychology(꿈 심리학의 일반적 측면)〉,《전집》8권, 17항.

28 〈The Shadow(그림자)〉,《전집》9권 하, 17항.

29 〈General Aspects of Dream Psychology(꿈 심리학의 일반적 측면)〉,《전집》8권, 507항.

30 〈Definitions(정의)〉,《전집》6권, 783항.

31 〈The Syzygy: Anima and Animus(대점: 아니마와 아니무스)〉,《전집》9권 하, 30항.

32 〈Psychological Aspects of the Mother Archetype(모성 원형의 심리적 측면)〉,《전집》9권 상, 190항.

33 〈On the Nature of the Psyche(정신의 본질에 관하여)〉,《전집》8권, 408항

34 〈Psychological Factors in Human Behaviour(인간 행동의 심리적 요인)〉, 위의 책, 261항.

35 〈Mental disease and the Psyche(정신병과 정신)〉,《전집》3권, 496항.

36 〈On the Nature of the Psyche(정신의 본질에 관하여)〉,《전집》8권, 380항.

37 위의 글, 위의 책, 417항.

38 〈The Tavistock Lectures(타비스톡 강좌)〉,《전집》18권, 382항.

39 〈On the Psychogenesis of Schizophrenia(조현병의 정신 형성에 관하여)〉,《전집》3권, 508항.

40 여성을 언급할 때는 푸엘라puella를 사용. 비록 푸에르 아니무스 혹은 푸엘라 아니마라는 용어도 사용.

41 〈The Syzygy: Anima and Animus(대점: 아니마와 아니무스)〉,《전집》9권 하, 22항.

42 〈The Psychology of the Child Archetype(어린이 원형의 심리학)〉, 《전집》 9권 상, 300항.

Q

1 아래 유형학 typology을 보라.
2 〈The Psychology of the Transference(전이의 심리학)〉, 《전집》 16권, 405항.
3 〈The Structure and Dynamics of the Self(자기의 구조와 역동)〉, 《전집》 9권 하, 352항.
4 〈The Psychology of the Transference(전이의 심리학)〉, 《전집》 16권, 536항.

R

1 〈General Description of the Types(유형의 일반적 서술)〉, 《전집》 6권, 618항.
2 〈Definitions(정의)〉, 위의 책, 785f항.
3 〈Concerning Rebirth(재탄생에 관하여)〉, 《전집》 9권 상, 206항.
4 위의 글, 위의 책, 225f항.
5 〈Definitions(정의)〉, 《전집》 6권, 788항.
6 〈The Problem of the Attitude-Type(태도-유형의 문제)〉, 《전집》 7권, 88항
7 〈Psychological Factors in Human Behaviour(인간 행동의 심리적 요인)〉, 《전집》 8권, 241항.
8 위의 글, 위의 책, 243항.
9 〈On Psychic Energy(정신 에너지에 관하여)〉, 위의 책, 75항.
10 〈The Sacrifice(희생)〉, 《전집》 5권, 625항.
11 〈On Psychic Energy(정신 에너지에 관하여)〉, 《전집》 8권, 65항.

12 〈On Psychic Energy(정신 에너지에 관하여)〉,《전집》8권, 43f항.

13 〈The Relations between the Ego and the Unconscious(자아와 무의식의 관계)〉, 《전집》7권, 261항.

14 〈The Relations between the Ego and the Unconscious(자아와 무의식의 관계)〉, 《전집》7권, 254항.

15 위의 글, 위의 책. 259항.

16 〈Psychology and Religion(심리학과 종교)〉,《전집》11, 9항.

17 〈The Unconscious Self(무의식적 자기)〉,《전집》10권, 512항.

18 위의 글, 위의 책, 507항.

19 〈A Psychological Approach to the Trinity(삼위일체에 심리적 접근)〉,《전집》 11권, 260항.

20 〈The Personal and the Collective Unconscious(개인적 그리고 집단적 무의식)〉, 《전집》7권. 202항.

21 〈Analytical Psychology and Education(분석심리학과 교육)〉,《전집》17권, 199a항.

22 〈The Philodophical Tree(철학적 나무)〉,《전집》13권, 464항.

23 〈The Psychology of the Unconscious(무의식의 심리학)〉,《전집》16권, 381항.

S

1 〈The Sacrifice(희생)〉,《전집》5권, 643항.

2 위의 글, 위의 책, 646항.

3 〈Definitions(정의)〉,《전집》6권, 789항.

4 〈Introduction〉,《전집》12권, 44항.

5 〈Definitions(정의)〉,《전집》6권, 790항.

6 〈On the Nature of the Psyche(정신의 본질에 관하여)〉,《전집》8권, 430항.

7 〈The Mana-Personality(마나 인격)〉, 《전집》7권, 399항.

8 〈Some Crucial Points in Psychoanlaysis(정신분석의 몇 가지 중요한 점)〉, 《전집》 4권, 665항.

9 〈The Transcendent Function(초월적 기능)〉, 《전집》8권, 132항.

10 〈The Psychology of the Transference(전이의 심리학)〉, 《전집》8권, 132항.

11 〈Definitions(정의)〉, 《전집》6권, 792항.

12 위의 글, 위의 책, 794항.

13 〈The Shadow(그림자)〉, 《전집》9권 하, 14항.

14 위의 글, 위의 책, 16항.

15 〈Rex and Regina(왕과 여왕)〉, 《전집》14권, 514항.

16 〈The Conjunction(결합)〉, 위의 책, 706항.

17 위의 글, 위의 책, 708항.

18 〈Psychology and Religion(심리학과 종교)〉, 《전집》11권, 134항.

19 〈Conclusion(결론)〉, 《전집》9권 하, 423항.

20 〈The Shadow(그림자)〉, 위의 책, 19항.

21 〈Definitions(정의)〉, 《전집》6권, 797항.

22 〈The Psychology of the Transference(전이의 심리학)〉, 《전집》16권, 522항.

23 〈Definitions(정의)〉, 《전집》6권, 809항.

24 위의 글, 위의 책, 811항.

25 위의 글, 위의 책, 809항.

26 〈Spirit and Life(영과 삶)〉, 《전집》8권, 626항.

27 〈The Phenomenology of the Spirit in Fairytales(민담에 나타난 정신 현상에 관하여)〉, 《전집》9권 상, 398항.

28 〈Spirit and Life(영과 삶)〉, 《전집》8권, 643항.

29 〈The Phenomenology of the Spirit in Fairytales(민담에 나타난 정신 현상에 관하여)〉, 《전집》9권 상, 394항.

30 〈Psychological Factors in Human Behaviour(인간 행동의 심리적 요인)〉, 《전집》

8권, 253항.

31 〈Definitions(정의)〉, 《전집》 6권, 813항.

32 〈The Tavistock Lectures(타비스톡 강좌)〉, 《전집》 18권, 367항.

33 〈Nietzsche's Zarathustra(니체의 차라투스트라)〉, 《전집》 1권, 441쪽.

34 〈The Psychological Aspects of the Kore(코레의 심리적 측면)〉, 《전집》 9권 상, 314f항.

35 〈The problem of the Attitude-Type(태도-유형의 문제)〉, 《전집》 7권, 80항.

36 위의 글, 위의 책.

37 〈Definitions(정의)〉, 《전집》 6권, 817항.

38 위의 글, 위의 책, 815항.

39 〈On Psychic Energy(정신 에너지에 관하여)〉, 《전집》 8권, 47항.

40 〈Definitions(정의)〉, 《전집》 6권, 821항.

41 〈On Psychic Energy(정신 에너지에 관하여)〉, 《전집》 8권, 91항.

42 〈Synchronicity: An Acaual Connecting Principle(비인과적 관련 원리로서의 동시성)〉, 위의 책, 858항.

43 〈On the Nature of the Psyche(정신의 본질에 관하여)〉, 《전집》 8권, 440항.

44 위의 글, 위의 책, 418항.

T

1 〈The Tavistock Lectures(타비스톡 강좌)〉, 《전집》 18권, 410항.

2 〈The Conjuncion(결합)〉, 《전집》 14권, 705항

3 〈General Description of Types(유형의 일반적 서술)〉, 《전집》 6권, 667항.

4 〈Definitions(정의)〉, 위의 책, 830항.

5 위의 글, 위의 책, 832항.

6 위의 글, 위의 책, 824항.

7 〈The Transcendent Function(초월적 기능)〉,《전집》8권, 145항.

8 위의 글, 위의 책, 181항.

9 〈Definitions(정의)〉,《전집》6권, 825항.

10 위의 글, 위의 책, 827항.

11 〈The Psychology of the Transference(전이의 심리학)〉,《전집》16권, 357항.

12 〈The Therapeutic Value of Abreaction(제반응의 테라피적 가치)〉, 위의 글, 위의 책, 287항

13 〈Some Crucial Points in Psychoanalysis(정신분석의 몇 가지 중요한 점)〉,《전집》4권, 659항.

14 〈The Therapeutic Value in Psychoanalysis(정신분석에서 테라피적 가치)〉,《전집》16권, 277항.

15 위의 글, 위의 책, 283항.

16 〈Some Crucial Points in Psychoanalysis(정신분석의 몇 가지 중요한 점)〉,《전집》4권, 601항.

17 〈The Tavistock Lectures(타비스톡 강좌)〉,《전집》18권, 349항.

18 〈The Psychology of Transference(전이의 심리학)〉,《전집》16권, 420항.

19 〈The Transcendent Function(초월적 기능)〉,《전집》8권, 146항.

20 〈Some Crucial Points in Psychoanalysis(정신분석의 몇 가지 중요한 점)〉,《전집》4권, 661항.

21 〈The Psychology of Transference(전이의 심리학)〉,《전집》16권, 445항.

22 〈On the Psychology of the Tricster-Figure(트릭스터 인물의 심리학에 관하여)〉,《전집》9권 상, 472항.

23 위의 글, 위의 책, 478항.

24 〈Definitions(정의)〉,《전집》6권, 835항.

25 〈General Description of the Types(유형의 일반적 서술)〉, 위의 책, 560항.

26 〈Psychological Typology(심리적 유형학)〉, 위의 책, 986항.

27 〈The Problem of the Attitue-Type(태도-유형의 문제)〉,《전집》7권, 62항.

28 〈A Psychological Theory of Types(유형의 심리적 이론)〉, 《전집》 6권, 958f항.

29 〈Psychological Types(심리적 유형)〉, 위의 책, 900항. 융은 방향을 설정하는 이 네 가지 기능이 필수요소이긴 하지만 의식적 정신 모두를 포함하는 것은 아니라고 인정했다. 예를 들어 의지력과 기억력은 포함되지 않았는데 유형적으로 기능하는 방식에 영향을 받을 수 있지만 그 자체로 유형적 결정 요인은 아니기 때문이다.

30 〈General Description of the Types(유형의 일반적 서술)〉, 위의 책, 576항.

31 〈A Psychological Theory of Types(유형의 심리적 이론)〉, 위의 책, 955항.

U

1 〈The Structure of the Psyche(정신의 구조)〉, 《전집》 8권, 432항.

2 〈Definitions(정의)〉, 《전집》 6권, 837항.

3 〈On the Nature of the Psyche(정신의 본질에 관하여)〉, 《전집》 8권, 382항.

4 〈General Description of Types(유형의 일반적 서술)〉, 《전집》 6권, 573항.

5 〈The Function of the Unconscious(무의식의 기능)〉, 《전집》 7권, 275항.

6 Adler, Jaffé(ed.), 《C.G. Jung Letters(융의 서신집)》 1, p.283.

7 〈Conscious, Unconscious, and Individuation(의식, 무의식, 개성화)〉, 《전집》 9권 상, 522항.

8 〈Psychological Aspects of the Mother Archetype(모성 원형의 심리적 측면)〉, 위의 책, 178항.

9 〈Psychological Factors in Human Behaviour(인간 행동의 심리적 요인)〉, 《전집》 8권, 249항.

10 〈The Structure and Dynamics of the Self(자기의 구조와 역동)〉, 《전집》 9권 하, 390항.

W

1 〈The Self(자기)〉,《전집》9권 하, 59항.
2 〈Christ, A Sumbol of the Self(그리스도, 자기의 상징)〉, 위의 책, 123항.
3 〈Definitions(정의)〉,《전집》6권, 844항.
4 〈The Phenominology of the Spirit in Fairytales(민담에서 영의 현상학)〉,《전집》9권 상, 398항.
5 〈The Structure of the Psyche(정신의 구조)〉,《전집》8권, 296항.
6 〈A Review of the Complex Theory(콤플렉스 이론의 재검토)〉, 위의 책, 199항.
7 〈Psychology of Transference(전이의 심리학)〉,《전집》16권, 422항.
8 〈Fundamental Quetions of Psychotherapy(정신요법의 근본적인 질문)〉, 위의 책, 239항.

참고문헌

The Collected Works of C.G. Jung(20 vols. Bollingen Series XX), R. F.C. Hull (Trans.), H. Read, M. Fordham, G. Adler, and Wm. McGuire(Ed.), Princeton : Princeton University Press, 1953-1979.

《C. G. 융 전집》(총 20권, 볼링겐 시리즈 20), R. EC. 헐 옮김, H. 리드, M. 포드햄, G. 아들러, Wm. 맥과이어 엮음, 프린스턴대학교 출판부, 1953~1979.

1. Psychiatric Studies 정신의학 연구(1957)
2. Experimental Researches 실험 연구(1973)
3. The Psychogenesis of Mental Disease 정신 질환의 발생학(1960)
4. Freud and Psychoanalysis 프로이트와 정신분석(1961)
5. Symbols of Transformation 변화의 상징(1967)
6. Psychological Types 심리학적 유형(1971)
7. Two Essays on Analytical Psychology 분석심리학에 관한 두 편의 에세이(1967)
8. The Structure and Dynamics of the Psyche 정신 구조와 역학(1969)
9i. The Archetypes and the Collective Unconscious 원형과 집단 무의식(1969)
9ii. Aion: Researches into the Phenomenology of the Self 아이온: 자기의 현상학 연구(1969)
10. Civilization in Transition 전환기 문명(1970)
11. Psychology and Religion: West and East 심리학과 종교: 서양과 동양(1970)
12. Psychology and Alchemy 심리학과 연금술(1968)
13. Alchemical Studies 연금술 연구(1968)
14. Mysterium Coniunctionis 융합의 신비(융 연구원 번역)(1970)
15. The Spirit in Man, Art, and Literature 인간, 예술, 문학에서의 정신(1966)
16. The Practice of Psychotherapy 정신 치료의 실제(1966)

17. The Development of Personality 성격 발달(1954)
18. The Symbolic Life: Miscellaneous Writings 상징적 삶 : 기타 저술(1977)
19. General Bibliography of Jung's Writings 융 저작의 참고문헌(1990)
20. General Index 총색인(1979)

C.G. Jung Letters. Bollingen Series XCV 2 vols. Ed. Gerhard Adler and Aniela Jaffé. Trans. R.F.C. Hull, Princeton University Press, Princeton, 1973.
《C.G. 융 서신집》(총 2권, 볼링겐 시리즈 95), R.F.C. 헐 옮김, 게르하르트 아들러, 아니엘라 야페 엮음, 프린스턴대학교 출판부, 1973.

Memories, Dreams, Reflections, Aniela Jaffé(Ed.), Pantheon Books:New York, 1961.
《기억, 꿈, 성찰》, 아니엘라 야페 엮음, 판테온북스, 1961.

The Freud/Jung Letters(Bollingen Series XCIV), William McGuire(Ed.), Ralph Manheim and R.F.C. Hull(Trans.), Princeton : Princeton University Press, 1974.
《프로이트/융 서신》(볼링겐 시리즈 94), 랄프 만하임, R.F.C. 헐 옮김, 윌리엄 맥과이어 편, 프린스턴대학교 출판부, 1974.

Nietzsche's Zarathustra: Notes of the Seminar Given in 1934-1939(Bollingen Series XCIX. 2 vols), James L. Jarrett(Ed.), Princeton : Princeton University Press, 1988.
《니체의 차라투스트라: 1934~1939년 세미나 기록》(총 2권, 볼링겐 시리즈 99), 제임스 L. 자렛 엮음, 프린스턴대학교 출판부, 1988.

융 심리학 개념어 사전

제1판 1쇄 인쇄   2025년 7월 1일
제1판 1쇄 발행   2025년 7월 7일

지은이	대릴 샤프
옮긴이	고혜경
펴낸이	나영광
책임편집	정고은
편집	김영미, 오수진
영업기획	박미애
디자인	민혜원

펴낸곳	크레타
출판등록	제2020-000064호
주소	경기도 고양시 덕양구 청초로 66 덕은리버워크 B동 1405호
전자우편	creta0521@naver.com
전화	02-338-1849
팩스	02-6280-1849
블로그	blog.naver.com/creta0521
인스타그램	@creta0521

ISBN   979-11-92742-45-8 (03180)

— 책값은 뒤표지에 표시되어 있습니다.
— 잘못 만들어진 책은 구입처에서 바꿔드립니다.
— 이 책은 치유상담대학원대학교의 학술연구비를 지원받아 제작되었습니다.